カフェズ・キッチン　富田佐奈栄

パフェの教本

The Textbook of Parfait

定番から最新まで

旭屋出版

Contents

定番のパフェ

048
ストロベリーレアチーズ
ケーキパフェ

060
トリプルマロンパフェ

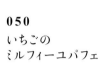

050
いちごの
ミルフィーユパフェ

062
バナナスプリット

052
いちごの
トライフルパフェ

フルーツパフェ

054
チョコレートパフェ

066
キウイパフェ

056
抹茶パフェ

068
パイナップリンパフェ

058
プリンアラモード

070
パインジンジャーパフェ

フルーツパフェ

072
アメリカンチェリーパフェ

084
トロピカルパフェ

074
スター☆すいかパフェ

086
マンゴー＆
ココナッツパフェ

076
メロンパフェ

088
マンゴープリンパフェ

078
欲ばりメロンパフェ

090
丸ごとピーチパフェ

080
2色のメロンパフェ

092
渋皮栗とぶどうの
ジャンボチーズモンブラン

082
スター☆メロンパフェ

094
シャインマスカットパフェ

Contents

お野菜パフェ
ベジタブルパフェ

和風パフェ

120
紫いもアーモンドミルク
プリンパフェ

124
たい焼きパフェ

126
ほうじ茶
プリンアラモード

128
桜餅パフェ

130
三色団子パフェ

ケーキパフェ

134
スイートポテトパフェ

136
デラウエアパフェ

138
抹茶の
ガトーショコラパフェ

140
ローズパフェ

142
マンゴー＆
ロールケーキパフェ

144
タピオカコーヒー
ミルクパフェ

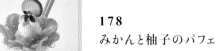

Contents

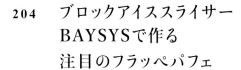
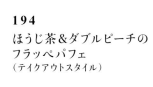

パフェの基本構成

「パフェ」はフランス語「パルフェ(parfait)」が由来で、「パフェ」は和製語です。フランスの「パルフェ」はアイスクリームにソースやフルーツを合わせて皿で供するデザート。「サンデー」はアメリカ生まれのデザートで、当初はアイスクリームにチョコレートなどをトッピングしていました。英語のつづりは「Sunday」ではなく「Sundae」。パフェとサンデーの違いは、日本では明確でなくなっていますが、基本構成は以下の通りです。

ミント
チャービル
レモンバーム

アイスクリーム
ソフトクリーム

フレッシュ
フルーツ
缶詰フルーツ
冷凍フルーツ

デザートソース
フルーツソース
練乳　粉砂糖
抹茶パウダー

ホイップ
クリーム

デザートソース	
赤色	フランボワーズ ストロベリー ダークチェリー いちじく
オレンジ	オレンジ アプリコット
黄色	マンゴー パパイヤ アングレーズ
白色	生クリーム
緑色	キウイ 抹茶
茶色	チョコレート

パフェのメニュー開発の基本

「いちごパフェ」を注文したのに、いちごが目立たないパフェが提供されたり、「いちごパフェ」の食べ終わりがチョコレート味では、「いちごパフェ」を注文したテンションを下げてしまう怖れがあります。いちご味のアイスとソースで、いちごづくしのパフェにしても、「同じ味ばかりでは食べ飽きる」というマイナス点が生じてしまいます。なので、パフェグラスの上と下の間に「食感、温度の違う食材をはさむ」ことは、パフェのメニュー開発をするときの大切な基本になります。これらの基本を守れば、ミニサイズのパフェも開発できます。ミニサイズだからといって基本から外れたり、省くと売れません。

　パフェづくりも、他のメニュー同様に、まずコンセプトをたてて考えていきましょう。以下の項目を検討しましょう。

●どんなパフェにするか。
●前に作って売れたパフェ、売れなかったパフェのチェック。
●前に売れたパフェは、バリエーションは何ができるか。
●今、どんなパフェが注目されるのか。
●今あるデザートの中で、どんなパフェがあるといい構成になるか。

ネーミング
▼
メインとなる食材
＋パフェ
【例】
いちごがメイン
⇩
いちごパフェ

季節、歳時の用語
＋パフェ
【例】
秋の収穫祭パフェ
クリスマスツリーパフェ

ひと口目の
印象

食べ進んだ
途中の印象

最後の
印象

上のデコレーション
（ひと口目の印象）
▼
ネーミングに使う食材が
目立つこと

グラスの上と下の間
（食べ進んだ途中の印象）
▼
食感、温度の変化

グラスの下
（最後の印象）
▼
ひと口目の味わいと、
最後の味わいに
統一感を

パフェの魅力

フルーツ、アイスクリーム、ホイップクリームを組み合わせれば、パフェになりますが、人気を呼ぶパフェにするために、「パフェの魅力」をはっきりとアピールしましょう。

見た目の
華やかさ、
ワクワク感

- 今、流行っている色は？
- 今、流行っている食べ物、飲み物、雑貨などは？
- 今、流行っている器、グラスは？　その形状は？

レシピは082ページ

レシピは072ページ

レシピは104ページ

食べ進んでいく
楽しさ

- 色の組み合わせ、そして素材の組み合わせ。
- 味はもちろんのこと、食感も大事です。

レシピは114ページ

レシピは092ページ

レシピは100ページ

フルーツで
旬を味わえる

- パフェのおいしさの大事な部分はフルーツの甘さです。
- 「甘い」と感じさせるフルーツを選びます。
- フルーツの甘い部分を上に飾ります。

レシピは098ページ

レシピは184ページ

レシピは090ページ

「パフェの魅力」を生かすポイント8

パフェの期待感、食べる楽しさ、フルーツのおいしさを引き立てる盛り
付け方や、演出法、組み立て方などの8つのポイントを紹介します。

1 盛り付けは、メリハリをつけて

レシピは038ページ

レシピは180ページ

- ●盛り付けるときに、似た色合のものは離してのせます。
- ●アイスクリームを2種類のせるときも、離してトッピングすることで、「いろいろのっている」という印象をはっきりさせます。
- ●いちごのソースを合わせるとき、いちごにかけないでバニラアイスクリームにかけてソースの存在をアピールします。
- ●デザートソースが主張し過ぎると、しつこくなります。
- ●そのパフェの主役の色を強調するデザートソースで引き立てます。
- ●組み合わせる色が多すぎると、バランスをくずします。

2 上の飾りは、「高さ」、「広がり」を大切に

レシピは066ページ

レシピは116ページ

- ●「いっぱいのってる！」、「どこから食べようかなあ」というワクワク感を誘発する盛り付けが、「高さを出す」ことと、「広がりを見せる」ことです。
- ●「高さ」を出すために、お菓子を上に立てたりのせたり、「広がり」を出せるようなフルーツのカッティングをして飾るのは、いい工夫です。

3 飾り付けの「隙間」をなくす

レシピは052ページ

レシピは054ページ

● 上にフルーツやアイスクリームを飾るとき、飾りと飾りの間に隙間が見えると、ワクワク感を削いでしまうので、その隙間はホイップクリームで埋めます。

4 グラスの側面の「層」にも演出を

レシピは056ページ

レシピは048ページ

● 「グラスの下のほうは何が入っているんだろう？」、「グラスの下のほうは、どんな味なんだろう？」と期待させるよう、グラスの側面から「層」がきれいに見えるようにします。

● グラスの下にもフルーツが入っていることを明確にするため、フルーツの薄切りをグラスの内側に貼り付けるのも演出の技法です。

5 食感、風味の違いを合わせて、最後まで飽きさせない

レシピは052ページ

レシピは100ページ

6 季節限定で、パフェの魅力に広がりを

レシピは074ページ

レシピは094ページ

●季節感を感じやすいフルーツ、野菜のペースト、木の実をメインにしたパフェを期間限定で出すことで、パフェの魅力が広がります。

●上のデコレーションから、グラスの下に移るときに、温度の違うグラノーラ、スポンジ生地、パイ生地があると、一旦、リセットできます。

●アイスクリーム➡フルーツと、甘いものが続くと飽きやすいので、途中で甘くないゼリー、シリアルがあると、口直し的な役割になります。

●ただし、間に入れるシリアル、グラノーラが多すぎると、かさを増すために入れていると思われるので、入れ過ぎは注意。

●最後まで飽きないで食べてもらうには、組み合わせのバランスが大切です。パフェを試作して味見する上でも、全体のバランスをチェックするのは大切です。ただ、何回も試作して食べるのは大変です。ですから、まず試作したら、それをパフェグラスから全部ボウルに出して混ぜて食べてみます。混ざったところを味見するとパフェ全体のバランスがチェックしやすいのです。そこから修正をして組み立てたものは、お客様と同様にパフェグラスの上から食べ進んでいくという試食をするのをおすすめしています。

7 ホイップクリームの"おいしい軽さ"が大切に

- パフェはフレッシュフルーツを使ったものが主流となっています。そのとき大事なことは、クリームがフルーツの味と風味を邪魔せず引き立てることです。しかも、クリームがボリュームがあって、より軽く、おいしければ、お客様が食べる前の驚きと楽しみがあり、そして食べた後の満足感が得られます。低脂肪クリームを使うことと、ホイップマシンを使うことをおすすめします。
- ホイップクリームの軽さは、パフェを食べ進んだときに飽きさせないポイントになりますが、ホイップクリームのおいしさにも重点を置いて乳脂肪35%の生クリームをおすすめします。(一般的に乳脂肪40%以上の生クリームが高脂肪クリームとされます)
- 乳脂肪分の低い生クリームでもホイップクリームを作るとき問題になるのは、泡立て具合を安定させにくいことと、泡立てたあとに離水しやすいこと。ブレないで安定して「おいしくて軽い」ホイップクリームが作れるホイップマシンの活用は、売れるパフェを作る上でも、作業効率を高める上でも経営上の大きなメリットになります。

レシピは046ページ

新時代のホイップマシン

〈SWHIP(スイップ)のテクニカルデータ〉
クリーム収容能力:1リッター
ホイップ能力:約1.2リッター/分
電源:100V
消費電力:350W
電流:3.5A
本体サイズ:W200mm×D290mm×H435mm
重量:15Kg

◆総輸入 発売元

有限会社 エフアンドビー
〒116-0011 東京都荒川区西尾久7-12-2
成加パラシオン105
Tel.03-3893-0456　Fax.03-3893-0126

8 定番パフェにオリジナリティを

レシピは042ページ

レシピは050ページ

- ●いちごパフェ、チョコレートパフェ、抹茶パフェは、通年で提供する店が多い定番パフェです。それだけに、他の店との違いを比較されやすいです。ここを意識して「自分の店らしさ」を出しましょう。
- ●いちごやメロンの種類は増えていますので、そのブランド名でメニュー開発する視点もあります。たとえば、いちごなら「あまおうパフェ」、「スカイベリーパフェ」として差別化するのもアイデアです。
- ●和風パフェも、「抹茶パフェ」は定番ですが、ほうじ茶ゼリーを合わせたり、和菓子と合わせたり、バリエーションは豊富に作れます。

レシピは130ページ

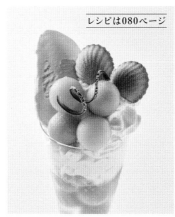

レシピは080ページ

レシピは078ページ

レシピは128ページ

レシピは060ページ

レシピは124ページ

「パフェの魅力」を高める工夫

パフェは、応用が広いデザートです。他の人気デザート、注目のスイーツ、話題のフルーツと組み合わることで「新感覚のパフェ」にすることができます。

＋ロングセラーデザート

レシピは138ページ

レシピは134ページ

- ●プリン、ゼリー、ソフトクリーム、チーズケーキ、チョコレートケーキ、ショートケーキ、シュークリーム、あんみつ、だんごなど、定番人気のロングセラーデザートをパフェと組み合わせると、付加価値が高まります。
- ●ワッフルを合わせたパフェ、パンケーキやスコーンを合わせたパフェは、軽食的な魅力もプラスされます。

レシピは146ページ

レシピは126ページ

レシピは136ページ

フルーツカッティング

レシピは050ページ

レシピは104ページ

●フルーツそのものは、家庭でもよく食べられるものなので、その切り方を変えたり、盛り付け方を変えることで「非日常感」を出して飾るのは、パフェの魅力を高めます。

●同じフルーツでも、スライスしたり角切りにしただけで、食感が変わります。切り方を飾りのときと、グラスの下に入れるときと変えることも、飽きさせないポイントです。

レシピは058ページ

レシピは166ページ

レシピは106ページ

パフェの新しい魅力

ブームになったタピオカドリンク、通年で人気が出てきたかき氷は、パフェと組み合わせるのに相性がいいです。また、「夜パフェ」というジャンルもできてきましたので、アルコールやカクテルと組み合わせたパフェで可能性は広がっています。さらに、現代のＳＮＳ時代では、いかにお客様に撮影をしてもらって拡散してもらうかも、重要なポイントです。思わず写真を撮りたくなる、アートの要素もパフェではプラスしやすいので、取り入れていきたいです。

ドリンク✚パフェ

- ●飲む要素をプラスしたパフェです。ドリンクの上にホイップクリームを絞って土台を作り、その上にフルーツやアイスクリームを飾ります。
- ●ドリンクは、ジュースのほか、スムージー、アイスコーヒーも合います。エスプレッソを使ったパフェはコーヒー店らしさを出せます。
- ●ストローを差して提供して、飲むパフェであることをはっきりさせます。

レシピは080ページ

レシピは178ページ

レシピは184ページ

かき氷＋パフェ

●かき氷とアイスクリーム、フルーツは相性バツグンです。かき氷は、上に
　トッピングするだけでなく、グラスの下のほうに入れることもできます。
●かき氷でボリューム感を高められます。
●テイクアウト用プラカップでも提供しやすいです。

レシピは186ページ

レシピは188ページ

アルコール＋パフェ

●カクテルの上にデコレーションをしてパフェにする発想もありますが、
　ライトなアルコール感を出したほうがパフェには合うので、甘酒、ワイ
　ンゼリーなどを組み合わせるのがいいでしょう。

レシピは166ページ

レシピは168ページ

アートパフェ

●パフェの表面にホイップクリームやチーズホイップやヨーグルトホイップを絞って平らにし、そこに、ステンシルやラテアートペンを使って、季節の図柄を描くことができます。ディスペンサーを使ってシロップで絵を描いたり、メッセージを書いたりするアイデアもあります。

●ホイップクリーム、アイスクリームを使って、キャラクターを創作したり、動物にしたりするアイデアもあります。

レシピは156ページ

レシピは158ページ

レシピは160ページ

レシピは162ページ

パフェグラスのいろいろ

縦長で、上に向かって広がりのあるグラスが飾りやすく、パフェに合います。グラスの側面の層が見えるようガラス製で、装飾があってもシンプルなものがいいでしょう。足つきグラスも合います。細めのピルスナー、コブレットも応用できます。タンブラー、コリンズは、高さがありますが、底が平らなため、スプーンで食べにくいのと、容量が多過ぎてしまいます。レギュラーサイズのパフェグラスは容量が250〜300mlのものが適当です。

フルーツのカッティング術

フルーツをカッティングして飾ると、普段見慣れているフルーツでも見映えが良くなります。上に飾るときと、グラスの中に入れるときでカットの仕方を変えると、食感の変化も出せます。

▌いちご

手にもってヘタを
取ったいちご

まな板に置いてヘタを
切り落としたいちご

甘い

いちごは、ヘタがしっかりしていて青々しているもの、果実にツヤがあるもの、ヘタの部分まで果実が赤いものがいいです。

いちごのヘタの取り方

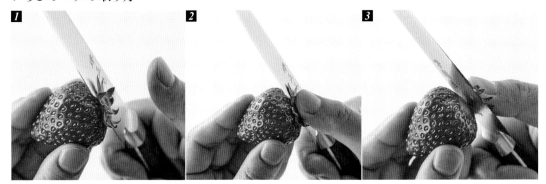

まな板にいちごを置いてヘタを切り落とすと、ヘタ側が平らになり、いちごのかわいい形が損なわれます。ヘタの下にナイフを入れ、親指で上からヘタを押えます。ヘタのところギリギリまでナイフを進め、親指はヘタを押さえたままナイフと逆方向に動かし、引き抜きます。こうすると、いちごの形そのままでヘタを取れます。

リーフ型

いちごの縦の中心線に向けて、左右からナイフを入れ、切り離した部分を少しずつずらします。

縦半分カット

縦1/4カット

1/8カット

桜の花びら　ハート型

丸っこいいちごを選んで、ヘタの部分をV字にカットします。浅くV字にカットするとハート型に。深くカットすると桜の花びらの形にできます。

横ななめカット

横スライス

■メロン

イモクリで抜く

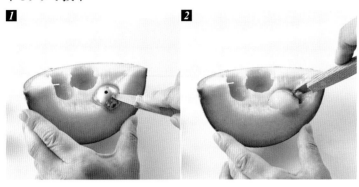

直径29mmのイモクリを使用。イモクリを
まっすぐ当てて押さえます。押さえた状
態でイモクリを回してくり抜きます。

型抜き

皮を薄く切り、皮の側から型抜きを当て、
押さえて抜きます。

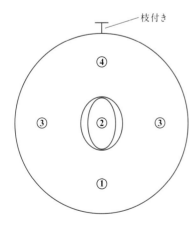

メロンの甘いところ

メロンは、枝付きを上にすると、枝付き
の反対側（左の図の①）が一番甘いところ
になります。続いてタネの周り、その外
側、枝付きの側の順に甘さは低くなって
いきます。甘いところは上の飾りに使っ
たり、甘さが低いところは、シロップと
ともにグラスの下に入れたり、使い分け
るのもテクニックになります。

▌スイカ

2cmほどの厚みにカットし、型抜きで抜きます。タネが少ない部分を表にして飾ります。

スイカの甘いところ

中心のまわり①が甘い部分です。でっぱったところは、陽がよく当たっていたところなので、そこから半分にカットして、くし切りにします。

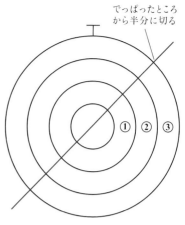

でっぱったところから半分に切る

① ② ③

▌巨峰

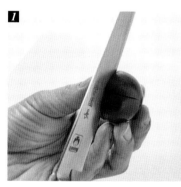

1

2

枝付きと反対側に十文字に切り込みを入れ、皮を開いて花びらに見立てます。

▌パイナップル

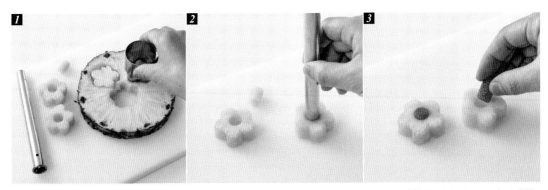

2 cmほどに輪切りにしたパイナップルを花型で抜きます。花型の中央を丸く抜いて、同じもので丸く抜いたスイカを差し込みます。

▌りんご

くし切りにしたりんごをまな板の上に置いて、下から1cmくらいのところに切り込みを入れます。反対側にも切り込みを入れます。手にりんごを持って、中央部分に斜めに切り込みを入れて切り離します。最初に入れた切り込みのところから斜めにナイフを入れて切り離します。切り離した2つのパーツをずらして飾り付けます。

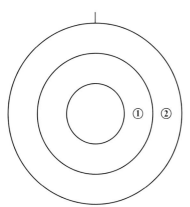

りんごの甘いところ

りんごは芯のまわり①が一番甘いので、たてに切ります。実がしまっているもの、指ではじくと澄んだ音がするものがいいりんごです。

▌バナナ

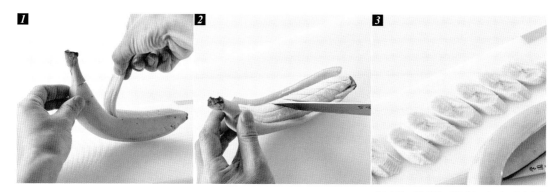

バナナは、横に倒して切ると、1つ1つの大きさがバラバラになってしまいます。歪曲しているところを下にして、その反対側の皮をむきます。その状態のまま斜めに切ると、バナナの大きさをそろえることができます。

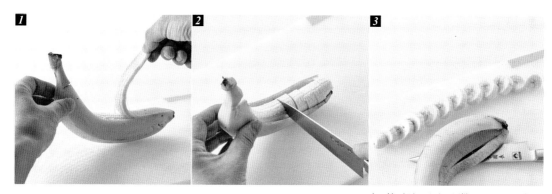

上の斜め切りのときと同様に、バナナの歪曲しているところを下にして、その反対側の皮をむきます。この状態のまま輪切りすると大きさを揃えられます。

▌キウイ

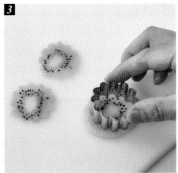

キウイの枝付きの部分には、ヘタの芯があり、そこは食感が悪いので取ります。ヘタの周りにナイフを入れて引き抜きます。

キウイの皮を立てに切ると、輪切りにしたとき、きれいな丸にならないので、りんごの皮をむくように切ります。

輪切りしたキウイを、型抜きで抜くと、変化を出せます。

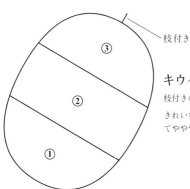

枝付き

キウイの甘いところ

枝付きの反対側①が一番甘いところです。

きれいな卵型で、均一な硬さで、軽く握ってややわらかいものがいいです。

▌オレンジ

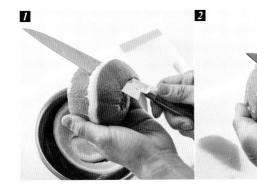

ナイフを立てて、上下に動かしながら、横から丸く皮を切ります。皮を切り取ったら、薄皮の間にナイフを入れて果肉を切り取ります。

グレープフルーツ

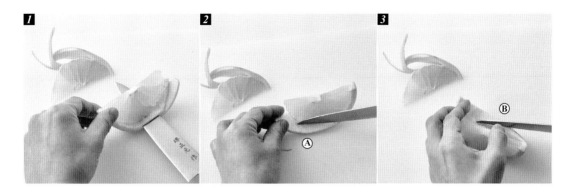

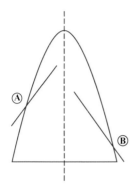

くし切りにしたグレープフルーツの果肉と皮を一部切り離します。皮の白い部分を削り取り、左の図で示した②と⑧のところに切り込みを入れ、皮の先を内側に折り込みます。

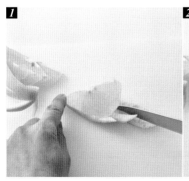

上のグレープフルーツとは別の切り込みの入れ方。皮の部分に並行して2本の切り込みを入れ、この皮の部分を立てて飾ったり、グラスの外に出して飾ります。

レシピの見方

●パフェグラスの直径は、グラスの一番上の部分の直径です。高さはグラスの全体の高さです。

●材料は、グラスの底から入れていく順に記載しています。

●ホイップクリームをグラスの底と、上に絞る場合は、2回分けて記載しています。

●アイスクリームのところに表記した「#18」は、「18番のディッシャー」の意味です。18番ディッシャーというのは、1リットルのアイスクリームから18個取れるサイズの意味です。

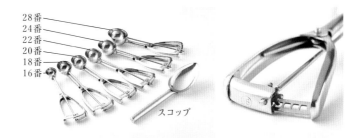

●ホイップクリームは、乳脂肪分35％の生クリームをホイップマシンで泡立てたものを使っています。

●作り方を掲載していないアイスクリーム、チョコレートソース、飾りの焼き菓子など、材料欄で◎を付けたものは、市販の既製品を使いました。

●塩不使用バターは、「バター(無塩)」と表記しています。生クリームの後の(35％)は乳脂肪分の数値です。

●分量の目安として、ホイップクリームやソフトクリームなどのグラム数も掲載しています。しかし、実際には、計量しながら作るは困難です。「ホイップクリームは、このくらいの長さで何ｇ」という目安を覚えておくようにしましょう。

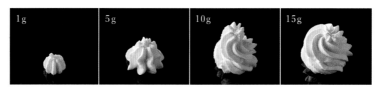

●フレッシュのフルーツを使うパフェは、使うフルーツの時季による糖度の違いで、できあがりの味わいが変わってきます。合わせるシロップの量、ホイップクリームの量で加減をしましょう。

定番のパフェ

いちごパフェ（ストロベリーパフェ）、チョコレートパフェ、抹茶パフェ、マロンパフェは、多くのカフェ、レストランで提供されています。それだけに、最も比較されやすいのが定番のパフェでもあり、パフェの人気を高める核にもなります。

- ストロベリーパフェ
- プチストロベリーパフェ
- いちごパフェ
- プチいちごパフェ
- 大粒いちごパフェ
- ストロベリータワーパフェ
- ストロベリーレアチーズ
  ケーキパフェ
- いちごのミルフィーユパフェ
- いちごのトライフルパフェ
- チョコレートパフェ
- 抹茶パフェ
- プリンアラモード
- トリプルマロンパフェ
- バナナスプリット

ストロベリーパフェ

フレッシュいちごに合わせて、アイスクリームはストロベリーアイス、デザートソースはいちごソースにして、いちごづくしに。いちごも、カッティングして飾ると動きが出るのと、食感の違いも出せます。

パフェグラス(直径8.5cm、高さ17cm)

[材料]

いちご（2L）…1粒
いちごソース※…5g
ホイップクリーム …18g
ストロベリーアイスクリーム◎…1個(#20)
いちご（2L）…1粒
ホイップクリーム …6g
バニラアイスクリーム◎…1個(#20)
いちご（2L）…3粒
ホイップクリーム…1g×5
いちごソース※…2g
粉砂糖 …適量
チャービル…1トッピング

*いちごソース
材料(できあがり700ml)
いちご(2L)…40粒
グラニュー糖…100g
作り方
❶ヘタを取ったいちご、グラニュー糖をミキサーで攪拌する。
❷ディスペンサーに入れて冷蔵する。

◎ストロベリーアイスクリーム(森永乳業)
◎バニラアイスクリーム(森永乳業)

[作り方]

❶パフェグラスに、縦に4等分カットしたいちご(1粒分)を入れ、いちごソースをかける。

❷ホイップクリームを絞り、その上にストロベリーアイスクリームをのせる。ストロベリーアイスクリームのまわりに縦に4等分にカットしたいちご(1粒分)を並べる。

❸ホイップクリームでフタをするように絞り、バニラアイスクリームを右手前にのせる。

❹V字に切り込みを入れたいちご3粒を飾り、いちごといちごの間を埋めるようにホイップクリームを絞る。

❺バニラアイスクリームの上にいちごソースをかけ、粉砂糖をいちごにかけ、チャービルを飾る。

● 粉砂糖をふり過ぎると、いちごの鮮やかな色が弱まってしまうので注意。

● 合わせるいちごソースも、フレッシュいちごで作ると、香味の点でもいちごをより引き立てます。

● いちごのカッティング法は026ページに。

プチストロベリーパフェ

プチストロベリーパフェ

ミニサイズでも、いちご、ストロベリーアイスクリーム、バニラアイスクリーム、ホイップクリーム、いちごソースの、レギュラーサイズのストロベリーパフェの構成は同じにすることが、物足りなさを感じさせず、満足度高い品にします。

パフェグラス（直径5.5cm、高さ9.5cm）

[材料]

いちご（M）…1粒
いちごソース※…2g
ホイップクリーム…9g
ストロベリーアイスクリーム◎…1個（#28）
ホイップクリーム…8g
バニラアイスクリーム◎…1個（#28）
いちご（2L）…3粒
ホイップクリーム…3g×2
いちご（2L）…1粒
いちごソース※…1g
粉砂糖…適量
チャービル…1トッピング

※いちごソースの作り方は037ページ。

◎ストロベリーアイスクリーム（森永乳業）
◎バニラアイスクリーム（森永乳業）

[作り方]

❶パフェグラスに、縦に4等分カットしたいちご（1粒分）を入れ、いちごソースをかける。

❷ホイップクリームを絞り、その上にストロベリーアイスクリームをのせる。

❸ホイップクリームでフタをするように絞り、バニラアイスクリームを右手前にのせる。

❹V字に切り込みを入れたいちご（2L）を1粒飾り、手前とバニラアイスクリームの後ろにホイップクリームを絞る。

❺バニラアイスクリームの上にいちごソースをかけ、粉砂糖をいちごにかけ、チャービルを飾る。

● 上に飾るいちごは2Lサイズの、レギュラーサイズ（036ページ）と同じサイズのものにして、ミニサイズでもいちごを堪能できることをアピール。

● 粉砂糖をふるだけで印象が変わる。

いちごパフェ

いちごパフェ

グラスの側面からも、「いちごがこんなに！」をアピールできるよう、透明で背の高いパフェグラスを使いました。いちごは、縦に半分にカットしたり1/4にカットしたりして、食感に変化も出しました。

パフェグラス(直径6cm、高さ22.5cm)

[材料]

いちご(M)…12粒
白みつゼリー※…30g
バニラアイスクリーム◎…1個(#20)
ホイップクリーム…22g
いちご(M)…2粒
ヘタ付きいちご(2L)…1粒
粉砂糖…適量

※白みつゼリー
材料(できあがり200ｇ)
水…150ml
ブルコレモン…5ｇ
グラニュー糖…45ｇ
水あめ…4ｇ
板ゼラチン…5ｇ
作り方
❶鍋に、水、ブルコレモン、グラニュー糖、水あめを入れて火にかける。
❷沸騰する寸前に、水でふやかしたゼラチンを加えて、しっかり溶かしてから容器に流して冷やし固める。
❸冷やして固まったら、フォークで細かく砕く。

◎バニラアイスクリーム(森永乳業)

[作り方]

❶いちご(M)のヘタを取り、12粒を縦半分にカットする。これと白みつゼリーを砕いたものと混ぜる。

❷グラスに①を入れ、バニラアイスクリームをのせ、その上にホイップクリームを絞る。

❸中央にヘタ付きのいちご(2L)を飾り、その横に縦に4等分にカットしたいちご2粒分を飾る。ヘタ付きいちごに粉砂糖をかける。

●カットするいちごはMサイズで、上の中央に飾るいちごは2Lサイズにして、いちごを強調。
●透明なゼリーでいちごの色合いを残しつつ味付け。
●粉砂糖をふるだけで印象が変わる。

プチいちごパフェ

プチいちごパフェ

ミニサイズでも、いちごパフェとしての満足感は残るよう、いちご、アイスクリーム、ホイップクリームの構成は、レギュラーサイズと変えないで作ります。

パフェグラス(直径5.5cm、高さ10cm)

[材料]

いちご(M)…3粒
白みつゼリー※…6g
バニラアイスクリーム◎…1個(#22)
ホイップクリーム…13g
いちご(M)…2粒
ヘタ付きいちご(L)…1粒
いちご(M)…1/2個
粉砂糖…適量

※白みつゼリーの作り方は041ページ。

◎バニラアイスクリーム(森永乳業)

[作り方]

❶いちご(M)のヘタを取り、3粒を縦半分にカットする。これと白みつゼリーを砕いたものと混ぜる。

❷グラスに①を入れ、バニラアイスクリームをのせ、その上にホイップクリームを絞る。

❸中央にヘタ付きのいちご(L)を飾り、そのまわりに縦半分にカットしたいちごをさらに8等分にカットしたものを飾る。ヘタ付きいちごに粉砂糖をかける。

Point

● ミニサイズながら、どこから食べてもいちごに当たるよう、小さくカットしたいちごを散らして飾る。

● 丸ごといちごは、手で持って食べられるよう、ヘタ付きで飾る。

大粒いちごパフェ

大粒いちごパフェ

スカイベリー、紅ほっぺ、まりひめ、美人姫などの大粒いちごは、見た目の
インパクトだけでなく、高級感も出せます。大粒いちごの存在感を高めるよ
う、通常サイズのいちごと対比させ、シンプルなデコレーションにしました。

パフェグラス(直径7.5cm、高さ16.5cm)

[材料]

いちごゼリー…30g
いちご(M)…1粒
ヨーグルト(無糖) …60g
バニラアイスクリーム◎…1個(#20)
ホイップクリーム…34g
大粒いちご(スカイベリー)…1粒
いちご(M)…1粒

※いちごゼリーの作り方は51ページ。

◎バニラアイスクリーム(森永乳業)

[作り方]

❶パフェグラスに、いちごゼリーを入れる

❷横にスライスしたいちごをグラスの内側に貼り付ける。

❸ヨーグルトを入れ、その上にバニラアイスクリームを入れる。

❹アイスクリームが隠れるようにホイップクリームを絞る。

❺縦4等分にスライスしたいちご(M)と、大粒いちごを飾る。

Point

● 大粒いちごはスプ
ーンやフォークで
は食べにくいので、
手で持って食べて
もらうよう、ヘタを
付けて飾る。

ストロベリータワーパフェ

ストロベリータワーパフェ

縦半分にカットした2Lサイズのいちごを放射線状に、段々にして高さを
出して飾り付けることで、いちごのインパクトを高めました。食べ飽き
ないよう、同じくベリー系のブルーベリーをいちごの間に飾ります。

パフェグラス(直径9.5cm、高さ12cm)

[材料]

いちごソース※…6g
バニラアイスクリーム◎…1個(#18)
メープルグラノーラ…20g
ホイップクリーム…29g
ストロベリーアイスクリーム◎…1個(#18)
ホイップクリーム…52g
いちご(2L)…9粒
ブルーベリー…8粒
メープルシロップ◎…3g
コンデンスミルク◎…3g
お花の砂糖菓子…1個
ミント…1トッピング

※いちごソースの作り方は037ページ。

◎メープルシロップ(筑波乳業)
◎コンデンスミルク(筑波乳業)
◎ストロベリーアイスクリーム(森永乳業)
◎バニラアイスクリーム(森永乳業)

[作り方]

❶ パフェグラスにいちごソースを入れる。

❷ バニラアイスクリームを入れ、上から押していちごソースとの間の隙間
がないようにする。

❸ メープルグラノーラを入れ、ホイップクリームでフタをする。

❹ ストロベリーアイスクリームを中央にのせ、それを覆うようにホイップ
クリームを絞って山型にする。

❺ 縦半分にカットしたいちごを、グラスのまわりに7カット、その上の2段
目に5カット、3段目に4カット、4段目に2カット飾る。下から飾る順番に
いちごを並べてから飾り付けていくと、やりやすい。

❻ いちごの間にブルーベリーを飾る。

❼ メープルシロップ、コンデンスミルクをかけ、お花の砂糖菓子とミント
を飾る。

Point

● 上から粉砂糖をかけても合うが、いちごの色
を残したいので、メープルシロップとコンデ
ンスミルクで仕上げの飾りをします。

● いちごづくしのように見えて、中にお花の砂
糖菓子が飾られていると、思わず撮影したく
なるインスタ映えポイントになります。

ストロベリーレアチーズケーキパフェ

ストロベリーレアチーズケーキパフェ

レアチーズケーキ、ババロア、ゼリーをパフェグラスに流して冷やし固め、それを土台にしたパフェにするのは、パフェの付加価値を高める技法の一つです。いちごパフェなら「土台」スイーツは、いちご味のレアチーズケーキにして全体をまとめるのがいいです。

パフェグラス（直径10cm、高さ14cm）

［材料］

いちご（M）…2粒分
ストロベリーレアチーズケーキ※…230g
フルーツグラノラ…20g
ストロベリーアイスクリーム◎…1個（#20）
バニラアイスクリーム◎…1個（#20）
ホイップクリーム…36g
いちご（2L）…1/2カット×6個
いちごソース※…4g
チャービル…1トッピング
※いちごソースの作り方は000ページ。

※ストロベリーレアチーズケーキ
材料（できあがり460g）
クリームチーズ…110g
グラニュー糖…50g
プレーンヨーグルト…73g
生クリーム（35%）…146ml
板ゼラチン…4g
いちごソース…88g
作り方
❶クリームチーズを室温に戻し、グラニュー糖を合わせてすり混ぜる。
❷よく混ざったら、ヨーグルトを加えて混ぜる。
❸鍋に生クリーム73mlを入れて火にかけ、沸かさないように温めたら火を止め、水でふやかしておいた板ゼラチンを入れて溶かす。溶けたら②に入れ混ぜ、続いていちごソースを加え、氷水に当てながら混ぜてとろみをつける。
❹残りの生クリーム73mlを泡立てて、③に入れてやさしく混ぜる。パフェグラス（いちごスライスを内側に貼り付けたもの）に流し入れて冷蔵庫で冷やし固める。

◎ストロベリーアイスクリーム（森永乳業）
◎バニラアイスクリーム（森永乳業）

テイクアウト用
プラカップに
盛り付けた例。

［作り方］

【準備】
❶パフェグラスの内側に、縦に薄くスライスしたいちごをグラスの底から15mmの位置に貼り付け、冷蔵庫で冷やしておく。

❷冷えた①のグラスにストロベリーレアチーズケーキの生地を流して、冷やし固める。

【組み立て】
❶冷やし固めたストロベリーレアチーズケーキの上にフルーツグラノーラをのせ、バニラアイスクリームとストロベリーアイスクリームをのせ、ホイップクリームを絞る。
❷縦に半分にカットしたいちごをホイップクリームのまわりに飾る。

❸フルーツグラノーラを散らし、バニラアイスとホイップクリームのところにいちごソースをかける。ホイップクリームの上にチャービルを飾る。

Point

●土台のストロベリーレアチーズケーキは、いちごの断面で飾って「いちご味」をはっきりアピール。
●いちごソースは、バニラアイスクリームとホイップクリームのところにかけて目立たせる。
●パフェは、テイクアウトメニューも可能!!

いちごのミルフィーユパフェ

いちごのミルフィーユパフェ

パイ生地は、パフェの材料と相性がいいのと、飾りに使うと高さが出せて映えが良くなります。グラスの間に入れて食感の違いで変化を出せたり、また、パフェグラスの上と下で味わいを変えたいときの境にすることもできます。

パフェグラス(直径10cm、高さ15.5cm)

[材料]

いちごソース※…3g
いちご(M)…1粒分
ホイップクリーム…20g
パイ※…10g
バニラアイスクリーム◎…1個(#18)
カスタードクリーム※…33g
パイ※…10g
いちご(M)…1/4カット×8個
ホイップクリーム…20g
パイ(三角カット)※…15g
いちご(2L)…1/4カット×4個
ピスタチオ…3粒
粉砂糖…適量
いちごソース※…2g
※いちごソースの作り方は037ページ。

※カスタードクリーム
材料(できあがり86g)
牛乳…80ml
グラニュー糖…20g
卵黄…1個分
薄力粉…5g
コーンスターチ…3g
バニラビーンズペースト…1g
作り方
❶鍋に牛乳、バニラビーンズペーストを入れて弱火で温める。
❷ボウルに卵黄、グラニュー糖を入れてすり混ぜる。混ぜたら、ふるった薄力粉、コーンスターチを入れてやさしく混ぜ、温めた①を加える。
❸鍋に移して火にかけ、好みの固さまで混ぜる。
❹火から下して、氷水に当てながら冷まし、絞り袋に入れて冷蔵庫で冷やしておく。

※パイ
材料
冷凍パイシート(10cm角)…2枚
粉砂糖…適量
作り方
❶冷凍パイシートの1枚は、三角形にカットしたものを4枚に。1枚は3cm角ぐらいの正方形にして、オーブンシートでサンドし、上に天板をのせて160℃のオーブンで20分焼成。
❷ひっくり返してオーブンシートをはずし、粉砂糖をふって190℃で8分ほど焼成する。

◎バニラアイスクリーム(森永乳業)

[作り方]

❶カットしたいちごをパフェグラスに入れ、上からいちごソースをかけてグラスをまわし、いちごにソースをからませる。
❷ホイップクリームを絞り、粗くカットしたパイをのせる。
❸中央にバニラアイスクリームをのせ、グラスとアイスクリームの間にカスタードクリームを丸口金で絞る。

❹カスタードクリームの上に縦半分にカットしたいちご、3cm角にカットしたパイを交互に並べる。
❺中央にホイップクリームを絞り、その上に縦4等分にカットしたいちご(2L)を4カットとピスタチオを飾る。三角形にカットしたパイを飾る。

Point

●飾りのポイントになる三角形のパイは、提供する向き(お客様の正面になる位置)に飾る。

●一番上の飾りのいちごは、2Lサイズにして、いちごを強調。パフェグラスの底に入れるいちごは、Mサイズを小さくカットして食べやすく。

いちごのトライフルパフェ

スポンジケーキもパイと同様にパフェの材料と相性がいいのと、ボリューム感も出せます。ホイップクリームにマスカルポーネを混ぜたり、いちごを紅茶でマリネして合わせたり、ひと手間加えて、リッチなパフェにしました。

パフェグラス(直径9.5cm、高さ15cm)

[材料]

いちごゼリー※…35g
スポンジケーキ※…24g
いちごの紅茶マリネ※…3粒
マスカルポーネホイップ※…20g
バニラアイスクリーム◎…1個(#18)
いちご(2L)…1/2カット×5個
マスカルポーネホイップ…5g×6
いちご(2L)…1/2カット×1個
いちごチョコ…1個
ミント…1トッピング

※いちごゼリー
材料(できあがり200g)
いちご…90g
水…75ml
グラニュー糖…30g
板ゼラチン…4g
ブルコレモン◎…5g

作り方
❶いちごをつぶし、水、グラニュー糖と合わせて鍋に入れ、火にかける。沸かさないで温めたら火から下ろす。
❷水でふやかした板ゼラチンを入れて溶かす。溶けたらブルコレモンを入れて混ぜ、容器に移して冷蔵庫で冷やし固める。

※マスカルポーネホイップ
材料(できあがり99g)
マスカルポーネチーズ…50g
グラニュー糖…3g
生クリーム(35%)…50g

作り方
❶ボウルにマスカルポーネチーズとグラニュー糖を合わせ、すり混ぜる。
❷生クリームを少しずつ加えながら泡立て器でホイップする。

※いちごの紅茶マリネ
材料
いちご…3粒
アールグレーティー…180ml
グラニュー糖…90g

作り方
❶ポットにアールグレー茶葉、グラニュー糖を入れ、熱湯を注いで抽出する。
❷粗熱が取れたら、ヘタを取ったいちごをからめる。

※スポンジケーキ
材料(直径15cmの型1台分)
卵(L)…2個
グラニュー糖…60g
薄力粉…60g
牛乳…20g
バター(無塩)…10g
バニラビーンズペースト◎…2g

◎ブルコレモン(レモン果汁入り濃縮飲料／サントリーフーズ)
◎バニラアイスクリーム(森永乳業)
◎バニラビーンズペースト(サンデン商事)

[作り方]

❶パフェグラスに、いちごゼリーを入れる。
❷ひと口大にカットしたスポンジケーキを入れる。

❸いちごの紅茶マリネをのせ、マスカルポーネホイップでフタをするように、ひと回り丸口金で絞る。
❹バニラアイスクリームを中央にのせ、そのまわりに縦半分にカットしたいちごを飾る。いちごのの間にマスカルポーネホイップを絞り、バニラアイスクリームの上にも絞る。
❺縦半分にカットしたいちご(2L)をトップに飾り、いちごチョコ、ミントを飾る。

Point

●上に飾るいちごと、パフェグラスの底に忍ばせるいちごの風味を変えて、印象づくりを。
●ホイップクリームのコクをチーズで高めて、全体の満足感をアップ。

チョコレートパフェ

チョコレートパフェ

定番人気のチョコレートパフェ。味わいが単調になりがちなので、ナッツ類を合わせたり、焼き菓子を合わせて、食感の変化を楽しみながら食べ進められるようにするのがいいです。チョコレートの種類を変えることで、夏向き、冬向きなどにアレンジも可能です。

パフェグラス（直径9.5cm、高さ16.5cm）

［材料］

チョコレートソース…10g
バナナ※…6切れ
ブラウニー（ひと口サイズカット）※…30g
チョコレートアイスクリーム◎…1個（#18）
バニラアイスクリーム◎…1個（#18）
ホイップクリーム…47g
ブラウニー（三角形）…32g
バナナ…3切れ
マカデミアナッツ◎…3個
チョコレートソース…5g
※バナナのカッティング法は031ページに。

※ブラウニー
材料（25cm×25cm×高さ2cmの天板1枚分）
チョコレート（クーベチュール）…127g
バター（無塩）…150g
グラニュー糖…180g
塩…少々
卵（L）…3個
バニラビーンズペースト…6g
薄力粉…83g
くるみ、アーモンド、マカデミアナッツ…計150g
くるみ（トッピング用）…4個
アーモンド（トッピング用）…6個
マカデミアナッツ（トッピング用）…12個
作り方
❶チョコレート、バターを刻んでボウルに入れ、湯煎にかけて溶かす。
❷溶けたらグラニュー糖を加えて泡立て器で混ぜる。
❸塩を入れて混ぜて、湯煎からはずし、粗熱が取れたら、卵を1個ずつ入れ、その都度よく混ぜる。
❹バニラビーンズペースト、ふるった薄力粉、くるみ、アーモンド、マカデミアナッツを入れて混ぜ、オーブンシートを敷いた天板に流す。
❺トッピング用のくるみ、アーモンド、マカデミアナッツを上から散らし、170℃のオーブンで35分ほど焼成する。

◎チョコレートアイスクリーム（森永乳業）
◎バニラアイスクリーム（森永乳業）
◎マカデミアナッツ（ニダフジャパン）

［作り方］

❶グラスにチョコレートソースを入れ、グラスをまわして内側にチョコレートソースを広げる。

❷厚さ1cmで斜めにカットしたバナナを、さらにそれを3等分にカットしてグラスに6切れ入れる。

❸ひと口サイズにカットしたブラウニーを入れ、グラスの右側にチョコレートアイスクリームを、左斜め奥にバニラアイスクリームをのせ、2種類のアイスクリームが見えるように、中央にホイップクリームを絞る。

❹高さ7cmくらいの三角形にカットしたブラウニー1枚、厚み1cmの斜めにカットしたバナナ3切れを飾り、ホイップクリームの上にマカデミアナッツをのせ、チョコレートソースをかける。

Point

●グラスの底に入れるバナナは、食べやすいように小さくカットして入れる。

●バナナは、同じ大きさになるようにカットして飾る。

●食べ進みながら、食感の変化を出せるように組み立てる。

抹茶パフェ

抹茶パフェ

和風パフェというジャンルのなかで定番になってきた抹茶パフェ。抹茶アイスクリームや抹茶ゼリーを合わせる他、トッピングやデザートソースでもいろいろなバリエーションや組み立てが考えられ、定番パフェの中でも個性を追求しやすいです。

パフェグラス(直径9.5cm、高さ17cm)

[材料]

抹茶ソース◎…3g
ホイップクリーム…10g
抹茶ゼリー◎…50g×2
粒あん◎…40g
ホイップクリーム…13g
あずきと抹茶のパウンドケーキ※
　…4カット(52g)
バニラアイスクリーム◎…1個(#28)
抹茶アイスクリーム◎…2個(#28)
ホイップクリーム…16g
かのこ豆ミックス◎…茶豆2粒、緑豆1粒、
　白豆1粒、黒豆2粒
白玉小町◎…2個
抹茶ソース…2g
抹茶ごまサブレ…1枚

※あずきと抹茶のパウンドケーキ
材料(8cm×18cm×高さ6cmのパウンド型1台分)
バター(無塩)…100g
上白糖…90g
卵(L)…2個
ベーキングパウダー…3g
薄力粉…100g
抹茶パウダー…5g
ヨーグルト(無糖)…30g
かのこ豆ミックス…50g
ホワイトラム…3g
わつなぎ抹茶シロップ◎…15g
作り方
❶室温に戻したバター、上白糖をボウルに入れて、すり混ぜる。
❷溶いた卵を少しずつ加えて混ぜる。続いてヨーグルトを加えてよく混ぜる。
❸粉類を合わせてふるい、一気に加えて混ぜ、完全に混ざる前にかのこ豆ミックスを加え、さっくりと混ぜる。
❹オーブンシートを敷いた型に流し入れ、170℃のオーブンで40分〜50分焼成する。途中、15分ほど焼成したところで上面に縦に切り込みを入れる。

◎白玉小町(冷凍白玉/タヌマ)
◎抹茶ゼリー(タヌマ)
◎わつなぎ 抹茶シロップ(和のプレミアムシロップ/サントリーフーズ)
◎抹茶ソース(森永乳業)
◎かのこ豆ミックス(タヌマ)
◎粒あん(タヌマ)
◎バニラアイスクリーム(森永乳業)
◎抹茶アイスクリーム(森永乳業)

[作り方]

❶グラスに抹茶ソースを入れ、グラスを回して均一に広げてからホイップクリームを絞る。
❷抹茶ゼリーを入れ、上を粒あんでフタをするようにのせ、その上にホイップクリームを絞る。
❸2.5cm厚にカットしたパウンドケーキを6等分して3カットのせる。その上に1カットのせる。
❹抹茶アイスクリーム2個とバニラアイスクリーム1個をグラスのまわりにのせ、間にパウンドケーキをのせ、中央にホイップクリームを絞る。
❺かのこ豆ミックス、白玉を飾り、抹茶ソースをかける。抹茶ごまサブレをのせる。

●抹茶風味のゼリー、ソース、アイスクリーム、パウンドケーキ、サブレで組み立てて抹茶味を強調。

●彩りが地味になりがちなので、炒り豆、サブレ、パウンドケーキ、白玉と、食感の違うものを組み合わせて多彩に感じさせる。

057

プリンアラモード

プリンアラモード

アラモードグラスという横長の器にプリンを中心にフルーツやアイスクリーム盛り付けたパフェがプリンアラモード。年配の方には「懐かしく」、若い人には「新しく」感じる、昭和の喫茶店でよく出されていたプリンアラモードは、プリンの人気上昇とともに見直されています。

アラモードグラス(横24cm×幅10cm×高さ9.5cm)

[材料]

ホイップクリーム…20g
ホイップクリーム…10g×2
カスタードプリン※…1個
バニラアイスクリーム◎…1個(#18)
バナナ…2カット
キウイ(輪切り)…1枚
りんご(赤と青)…くし切り(幅2.5cm・
　長さ8cm)各1切れ
いちご…1個
ホイップクリーム…8g×2
枝付きチェリー…1個

※カスタードプリン
材料(直径7.7cm、高さ4cmの型3個分)
卵(L)…2個
卵黄…1個分
グラニュー糖…40g
牛乳(室温に)…200ml
バニラビーンズペースト◎…6g
カラメルソース
　グラニュー糖…40g
　水…15ml
　熱湯…15ml

作り方
❶カラメルソースを作る。鍋にグラニュー糖、水を入れて火にかけ、砂糖が焦げてカラメル色になったら熱湯を入れて火から下ろして混ぜ、型にすぐ流し入れる。
❷ボウルに卵、卵黄、グラニュー糖を入れ、泡立て器でよく混ぜる。
❸室温にした牛乳、バニラビーンズペーストを加えてやさしく混ぜ、①の型に流し入れる。アルミホイルでぴったりフタをし、天板に並べる。型の半分くらいの高さまで湯を張って160℃のオーブンで30〜40分焼成する。
❹表面がプルンと固まったらオーブンから出して粗熱を取り、冷蔵庫で冷やす。

◎バニラビーンズペースト(サンデン商事)
◎バニラアイスクリーム(森永乳業)

[作り方]

❶グラスの底の全面にホイップクリームに絞り、さらに左右に丸く絞る。
❷カスタードプリンを中央に置き、左側にバニラアイスクリームをのせ、右側に6.5cmのバナナを斜めにカットしたもの2カットを立てる。
❸バナナの間にホイップクリームを絞り、1cm厚みに輪切りにしたキウイを半分にしたもの2カットを飾る。
❹バニラアイスクリームの奥にくし切りにしたオレンジを飾る。バナナの奥にくし切りにした赤りんごと青りんごにV字に切り込みを入れて交互にしたものを飾る。
❺プリンとバニラアイスクリームの間、バナナとプリンの間にホイップクリームを絞り、枝付きチェリーを飾る。

Point

●グラスの上で、似た色のものが近くにこないように、彩りを散らしてカラフルに見せる。
●グラスの上に隙間が見えるとワクワク感を削ぐので、盛り付けたアイスクリームとフルーツの間は、ホイップクリームを絞って埋める。

トリプルマロンパフェ

トリプルマロンパフェ

定番人気のマロンパフェを、3種類の栗を合わせることでグレードアップさせました。マロンクリーム、マロンアイスクリームも。マロンパフェは全体に重くなりがちなので、コーヒーゼリーをグラスの下のメインにし、上の飾りにもエスプレッソケーキをのせ、口直しになるようにしました。

パフェグラス(直径9.5cm、高さ15.5cm)

[材料]

マロンクリーム※…13g
栗甘露煮(小)…2粒分
コーヒーゼリー(カット)◎…130g
マロンアイスクリーム◎…1個(#18)
バニラアイスクリーム◎…1個(#18)
ホイップクリーム…10g
マロンクリーム…38g
渋皮栗煮◎…1粒
栗甘露煮…1粒
イタリア甘栗◎…1粒
どんぐり型エスプレッソケーキ※…1個
粉砂糖…少々
チャービル…1トッピング

※どんぐり型エスプレッソケーキ
材料(横5cm、長さ6cmのどんぐり型9個分)
バター(無塩)…55g
グラニュー糖…55g
卵(L)…1個
エスプレッソ抽出液…55ml
カルーアコーヒーリキュール…大1/2
薄力粉…45g
アーモンドプードル…10g
作り方
❶室温に戻したバター、グラニュー糖をボウルに入れてすり混ぜる。
❷溶いた卵を少しずつ入れながら、その都度よく混ぜる。
❸エスプレッソ抽出液、コーヒーリキュールを混ぜたものを加えて混ぜる。
❹ふるった粉類を加えて、ゴムベラでさっくりと混ぜる。
❺型に生地を23gずつ入れ、180℃のオーブンで15〜18分焼成する。

※マロンクリーム
材料(作りやすい分量)
京まろん◎…130g
生クリーム(35%)…8g
作り方
❶ボウルに京まろん、生クリームを合わせて、泡だて器でよく混ぜ合わせる。

◎渋皮栗煮(正栄食品)
◎京まろん(正栄食品)
◎コーヒーゼリー(タヌマ)
◎マロンアイスクリーム(森永乳業)
◎バニラアイスクリーム(森永乳業)

[作り方]

❶グラスにマロンクリームを星型口金で絞り、縦半分にカットした栗甘露煮を入れる。

❷ホイップクリームを絞り、食べやすい大きさにカットしたコーヒーゼリーを入れる。

❸グラスの奥にマロンアイスクリーム、手前にバニラアイスクリームをのせる。

❹マロンアイスクリームの後ろにマロンクリームを絞る。左側にホイップクリームを絞る。

❺中央にどんぐり型エスプレッソケーキをのせる。渋皮栗煮、栗甘露煮、イタリア甘栗を離して飾る。チャービルを飾り、どんぐり型エスプレッソケーキに粉砂糖をふる。

●グラスの底の栗甘露煮は、スプーンですくって食べやすいように縦半分にカットして入れる。

●どんぐり型の焼き菓子を飾って、秋のメニューらしく。

バナナスプリット

バナナスプリット

20世紀初頭にアメリカで誕生したと言われる伝統的なバナナとアイスクリームを合わせたデザート。バニラアイスクリームだけでなく、チョコレートアイスクリーム、ストロベリーアイスクリームも合わせ、バニラアイスクリームの上にはパイナップルソース、チョコレートアイスクリームの上にはチョコレートソース、ストロベリーアイスクリームの上には粒いちごソースをかけて、豪華版にしました。

―――― アラモードグラス(9.2cm×20.3cm×H8.3cm) ――――

[材料]

ホイップクリーム…中央27g
ホイップクリーム…左右13g×2
チョコレートアイスクリーム◎…1個(#18)
バニラアイスクリーム◎…1個(#18)
ストロベリーアイスクリーム◎…1個(#18)
バナナ(17〜18cmの長さ)…1本分
パイナップルソース※…10g
チョコレートソース…7g
粒いちごソース※…10g
ホイップクリーム…8g×3
5色スプレー…2つまみ
板チョコ…4カット(10g)
枝付きチェリー…1個
ミックスナッツ…1g

※パイナップルソース
材料(できあがり34g)
IQFゴールデンアップルパインチャンク◎…36g
グラニュー糖…9g+9g
プルコレモン◎…2ml
作り方
❶冷凍パインとグラニュー糖9gを合わせておく。
❷鍋に、1とプルコレモン・残りのグラニュー糖9gを入れ、火にかけとろみが出たらできあがり。

※粒いちごソース
材料(できあがり54g)
いちご…5粒(60g)
グラニュー糖…8g
プルコレモン◎…3ml
作り方
❶鍋に、へたをとったいちご・グラニュー糖・プルコレモンを入れ火にかけ、とろみが出たらできあがり。

◎プルコレモン(レモン果汁入り濃縮飲料／サントリーフーズ)
◎IQFゴールデンアップルパインチャンク(丸源飲料工業)
◎チョコレートアイスクリーム(森永乳業)
◎バニラアイスクリーム(森永乳業)
◎ストロベリーアイスクリーム(森永乳業)

[作り方]

❶グラスに、ホイップクリームを中央に27g、左右に13gずつ絞る。

❷右からバニラアイスクリーム・チョコレートアイスクリーム・ストロベリーアイスクリームをのせる。

❸バナナを縦半分にカットし、アイスクリームを挟むようにおく。

❹バニラアイスクリームの上には、パイナップルソース・ホイップクリーム・5色スプレーを飾る。

❺チョコレートアイスクリームの上には、チョコレートソース・板チョコ・ホイップクリーム・枝付きチェリーを飾る。

❻ストロベリーアイスクリームの上には、粒いちごソース・ホイップクリーム・ミックスナッツを飾る。

● 3種類のアイスクリームで豪華に。

● 左右、上面共ににぎやかに。

フルーツパフェ

通年で食べられるフルーツでまとめる他、季節のフルーツを主役にして組み立てるのがフルーツパフェ。フルーツは、飾り切りをしてパフェと組み合わせると、華やかさとシズル感が増します。

- キウイパフェ
- パイナップリンパフェ
- パインジンジャーパフェ
- アメリカンチェリーパフェ
- スター☆すいかパフェ
- メロンパフェ
- 欲ばりメロンパフェ
- 2色のメロンパフェ
- スター☆メロンパフェ
- トロピカルパフェ
- マンゴー＆ココナッツパフェ
- マンゴープリンパフェ
- 丸ごとピーチパフェ
- 渋皮栗とぶどうの
  ジャンボチーズモンブラン
- シャインマスカットパフェ
- 洋なしパフェ
- いちじくパフェ
- いちじくと柿のパフェ
- 柿のティラミスパフェ
- りんごパフェ
- アップルブーケパフェ
- 秋の収穫祭パフェ
- まるごとみかんパフェ

キウイパフェ

キウイパフェ

キウイとゴールデンキウイの2種類を飾り、さらに、キウイネクター、冷凍キウイスライスという食感の違うキウイも合わせて、味わいに奥行を出しました。フルーツカッティングの●ページで紹介しているように、キウイは枝付きのところに芯が残っていると食感が悪くなるので、その芯を取るようにカットして使うのもポイントです。

パフェグラス(直径7cm、高さ15cm)

[材料]

粒々キウイネクター◎…120g
ヨーグルト…90g
ホイップクリーム…38g
バニラアイスクリーム◎…1個(#18)
キウイ…輪切り2枚
ゴールデンキウイ…輪切り2枚
ホイップクリーム…23g
アーモンドプラリネ…ひとつまみ
ブルーベリー…3粒＋3粒
冷凍キウイスライス…輪切り3枚分

◎粒々キウイネクター(スミダ飲料)
◎バニラアイスクリーム(森永乳業)

[作り方]

❶ グラスに、粒々キウイネクター・ヨーグルトの順に入れる。

❷ ホイップクリームを絞り、バニラアイスクリームをのせ、まわりに5mm厚にカットしたキウイの輪切りと5mm厚にカットしたゴールデンキウイの輪切りを交互に飾り、バニラアイスクリームの上に、ホイップクリームを絞る。

❸ ピックに刺したブルーベリー3粒分、輪切りにし冷凍したキウイ3枚、ブルーベリー3粒、アーモンドプラリネを飾る。

Point

● キウイは断面を見せて目立たせる。

● 冷凍キウイを飾って、食感・温度差を。

● ネクターを増やして、ドリンクとしての魅力を出してもいい。

パイナップリンパフェ

アラモードグラスに、パイナップル、パイナップルジュースで作るプリン、パイナップルのアイスキャンディーを盛り合わせ。花型の抜いたパイナップルを飾ってアクセントにしたり、アイスキャンディーは手で持って食べられるようにバーを付けて飾り、食べる楽しさを視覚にアピールしました。

皿(23cm、10cm、高さ3.5cm)

[材料]

パイナップル※…12g×4カット
ホイップクリーム…30g
パイナップルプリン…1個
メープルグラノーラ◎…15g
パイナップルアイスキャンディー※…1個
花型パイナップル※…2個
キウイ…1/2カット×2
ホイップクリーム…10g
チャービル7cm位を…1個
パイナップルの葉…2枚
巨峰…3粒
シャインマスカット…3粒

※パイナップリン
材料(直径6cm高さ4.4cmプリンカップ3個分)
卵…2個
グラニュー糖…35g
牛乳…100ml
パイナップルジュース…100ml
バター(無塩)…適量
作り方
❶鍋に、牛乳・グラニュー糖を入れ温める。
❷ボウルに卵を割り入れ、溶き、1を入れ混ぜる。
❸パイナップルジュースを入れ漉す。
❹バターをぬったプリンカップに、3を105g位注ぐ。
❺バットに4・熱湯を入れ、160度 20分位焼成。

※パイナップルアイスキャンディー
材料(直径6.8cm(4.9cm)の紙コップ2個分)
パイナップル…160g
水…50ml
グラニュー糖…26g
作り方
❶ミキサーに、パイナップル・水・グラニュー糖を入れ攪拌する。
❷紙コップ86g位ずつ入れ、棒を刺し、冷蔵庫で凍らせる。

※花型パイナップル…(4cm位の花型)
材料
パイナップル…5cm角×2
すいか…直径1.2cm丸×2

◎メープルグラノラ(ケロッグ)

[作り方]

❶ガラス皿に、ひと口大にカットしたパイナップルを並べる。

❷ホイップクリームを左側の2/3位に絞る。

❸パイナップリンを2の上にのせ、中央にメープルグラノーラを散らす。

❹右側にパイナップルアイスキャンディーを置き、チャービルを巻き付ける。

❺パイナップリンの上にホイップクリームを絞り、花型パイナップル・キウイスライス・パイナップルの葉で飾る。

❻下皿にのせ、巨峰・シャインマスカットを飾る。

Point

● 足つきでないガラス皿は、下皿を付けて提供。その下皿にもフルーツをのせて、豪華さを演出します。

● パイナップルを花型に抜いて、その中央も丸く抜いて、そこにスイカを。ひと手間加えたパイナップルの型抜きで付加価値を高めます。

● 皿盛りのときも、高さを出す飾りにしましょう。

パインジンジャーパフェ

パインジンジャーパフェ

パイナップルを、ゼリー、マリネ、ドライにして合わせました。パイナップルのゼリーはシークワーサーの果汁を加えたもの。マリネはパイナップルをバニラビーンズシロップと生姜シロップでマリネしたもの。ドライは、薄切りにしたパイナップルを低温のオーブンで乾燥焼きしたもの。それぞれ味わい、食感が違うので、飽きないで食べ進められます。

パフェグラス（直径12cm、高さ8.5cm）

［材料］

花型薄切りキウイ（直径3.8cm）…3枚
ジンジャーパインマリネ※…142g
バニラアイスクリーム◎…1個（#18）
ホイップクリーム…25g
パイン＆シークワーサーゼリー◎…1個
ジンジャーパインマリネ※
　　…2カット（16g）
花型キウイ（直径4.8cm）…2枚
ドライパイン（直径9cm）…2枚
パイナップルの葉…2枚

※ジンジャーパインマリネ
材料
パイナップル…180g
バニラビーンズペースト◎…2g
わつなぎ生姜シロップ◎…12g
作り方
❶ボウルに、2〜2.5cm角のパイナップル・バニラビーンズペースト・わつなぎ生姜シロップを入れ混ぜ、冷蔵庫に入れ、冷やしておく。

◎わつなぎ 生姜シロップ（和のプレミアムシロップ／サントリーフーズ）
◎バニラアイスクリーム（森永乳業）
◎バニラビーインズペースト（サンデン商事）

［作り方］

❶パフェグラスに、薄くスライスし花型に抜いたキウイを貼りつける。

❷ジンジャーパインマリネを入れ、中央をくぼませて、そこに、真ん中をつぶしたバニラアイスクリームをのせる。

❸バニラアイスクリームを隠すようにホイップクリームを絞り、パイン＆シークワーサーゼリーをのせる。

❹5mm厚の花型キウイ・ジンジャーパインマリネ・ドライパイン・パイナップルの葉を飾る。

Point

●パイナップルの葉を飾って高さのある仕上がりに。
●キウイを花型に抜いて、おしゃれに。
●パイナップルをメインで、食感の違い、風味の違いで奥行を出す。

アメリカンチェリーパフェ

アメリカンチェリーパフェ

5月から出回り始めるアメリカンチェリー。7月下旬ごろまでフレッシュのものは出まわりますが、原価を安定させるため、冷凍のアメリカンチェリーを使ってパフェにしました。冷凍アメリカンチェリーは、そのまま使うのではなく、サクランボのリキュールとグラニュー糖でマリネして風味付けしました。マリネしたアメリカンチェリーは、やわらかい食感なので、アクセントにサクッとした食感のメレンゲ菓子を合わせました。

パフェグラス（直径8cm、高さ16cm）

［材料］

チェリーマリネ液…2g
チェリーマリネ※…1粒（10g）
ホイップクリーム…10g
バニラアイスクリーム◎…1個（#18）
チェリーマリネ…10粒（84g）
ホイップクリーム…34g
チェリーマリネ…3粒（24g）
メレンゲ菓子※…2個
チェリーグミ…1個
チャービル…1トッピング
チェリーマリネ液※…1g

※メレンゲ菓子
材料（直径5cm 20個位）
卵白…1個分（35g）
グラニュー糖…35g（卵白と同量）
粉砂糖…35g（卵白と同量）
色粉（赤）…適量
作り方
❶ボウルに冷蔵庫から出したての卵白を入れ、グラニュー糖を3回に分けて加え入れ、ツノがたつメレンゲを作り、一緒にふるった粉砂糖と色粉を入れ、さっくりと混ぜる。
❷星型の口金（6-10）をセットした絞り袋に1を入れ、オーブンシートを敷いた天板に絞り、100度のオーブンで2時間焼成。

※チェリーマリネ
材料（作りやすい量）
IQFアメリカンチェリー◎…200g
グラニュー糖…13g
キルシュワッサー…適量
作り方
❶ボウルに、冷凍アメリカンチェリー・グラニュー糖・キルシュワッサーを入れ、冷蔵庫で30分以上漬け込む。

◎IQFアメリカンチェリー（冷凍アメリカンチェリー／丸源飲料工業）
◎バニラアイスクリーム（森永乳業）

［作り方］

❶パフェグラスに、チェリーマリネ液とチェリーマリネ1粒を入れる。ホイップクリームを絞り、バニラアイスクリームをのせる。

❷チェリーマリネをグラスのまわりに飾り、右側にホイップクリームを絞る。

❸左側に、チェリーマリネを3粒飾り、メレンゲ菓子とチェリーグミ・チャービルをトッピングする。

Point

● グラスの中に入れるアメリカンチェリーのマリネは、グラスのまわりに飾って、側面を見たときに「いっぱい入っている」ように見せる。

● チェリーマリネと食感が違う焼き菓子、グミも合わせてアクセントに。

スター☆すいかパフェ

すいか、メロン、りんごなど、型で抜けるフルーツは、型で抜いて使う
と非日常性が出ます。すいかは水分が多いフルーツなので、アイスはラ
イチシャーベットにし、ヨーグルトとすいかゼリーも合わせました。

パフェグラス（直径8.5cm、高さ11cm）

［材料］

すいかゼリー※…20g+45g
ヨーグルト…30g
ホイップクリーム…25g
ライチシャーベット◎…1個(#18)
ホイップクリーム…18g
カットすいか赤…1カット
カットすいか黄…1カット
星型すいか赤…1個
星型すいか黄…1個
ブルーベリー…5粒×2
すいかゼリー※…12g
ミント…1トッピング

※すいかゼリー
材料（できあがり量168g）
すいか赤…150g
グラニュー糖…15g
ブルコレモン◎…15g
板ゼラチン…2.5g
作り方
❶1cm角にカットしたすいかをブレンダーで粗く砕
き、グラニュー糖・ブルコレモンを入れ混ぜ火にか
ける。
❷沸騰手前になったら火を消し、ふやかしたゼラチン
を入れ溶かし、容器に入れて冷やし固める。

◎ブルコ レモン（レモン果汁入り濃縮飲料／サントリーフーズ）
◎ライチシャーベット（森永乳業）

［作り方］

❶グラスに、すいかゼリー20g・ヨーグルト・すいかゼリー45gの順に層にな
るようにのせる。

❷ホイップクリームでフタをするように絞り、ライチシャーベットを手前
に盛る。

❸ホイップクリームを奥に絞り、両側に厚さ5mm・高さ6.5cmにカットし
たすいか赤と黄を飾る。

❹中央に、竹串にブルーベリー5粒と星型すいかを刺したものを飾る。

❺すいかゼリー12g・ミントをトッピングする。

Point

●高さと、左右の広がりを意識した飾り付けに。

●星型で抜けるフルーツで応用できる。

●すいかの型抜きは、タネのないところを抜いて
飾る。

メロンパフェ

メロンパフェ

高級感のあるフルーツの代表でもあるメロンを、皮付で飾ってアピールしました。グラスに飾る皮付メロンは、枝付き側が上になるように皮に切り込みを入れてグラスにかけます。●ページで示したように、枝付きの反対側のほうが甘いので、メロンの甘いところから食べてもらうためです。

パフェグラス(直径9cm、高さ15cm)

[材料]

メロンボール(アンデスメロン)…5個
メロンとミントのシロップ※…15g
バニラアイスクリーム◎…1個(#18)
アンデスメロン…3切れ
スポンジケーキ…14g
ホイップクリーム…9g×4
メロンボール(アンデスメロン)…3個
メロンとミントのシロップ※…16g
ミント…1トッピング

※メロンとミントのシロップ
材料(できあがり量226g位)
メロン(アンデスメロン)…200g
グラニュー糖…80g
プルコレモン◎…6ml
水…50ml
ミント…1g
作り方
❶鍋に、1cm角にカットしたメロン・グラニュー糖・プルコレモンを入れ、1時間置き、水分を出す。
❷水を入れ、中火で沸騰直前まで煮て、弱火でアクをとりながら火を通す。粗熱が取れたらミントを入れ、ブランダーミキサーで攪拌し、冷蔵庫で保存。

◎プルコ レモン(レモン果汁入り濃縮飲料／サントリーフーズ)
◎バニラアイスクリーム(森永乳業)

[作り方]

❶グラスに、直径2.9cmイモクリでボウル状にくり抜いたものを入れ、メロンとミントのシロップ・バニラアイスクリームの順に入れる。

❷幅1.8cm長さ9cmのくし切りにしたメロンに、皮に沿って切込みを5cmほど入れ、グラスに差し込む。

❸ひと口大にカットしたスポンジケーキを入れ、絞り袋に入れたホイップクリームをマロンとメロンの間と中央に計4か所絞る。

❹メロンボールを飾り、メロンとミントのシロップをかけ、ミントをトッピングする。

●上に飾るメロンボールは、甘い部分をくり抜いて使う。

●皮付きメロンは、食べやすい切り込みを入れる。

●メロンのくり抜き方法は028ページに。

欲ばりメロンパフェ

欲ばりメロンパフェ

メロンの皮を器にした、ボリューム感でもインパクトを高めたパフェ。その分、グラスの中はメロンスムージーにしてシンプルに。メロンの器の中でもホイップクリームやアイスクリームを土台にして、こんもりと盛り付けて「いっぱい入っている」をアピールします。

グラス(直径11.5cm、高さ18cm)

[材料]

モナジュエルモヒートグリーン◎…45g
メロンスムージー※…139g
メロンクローバー型…4枚
ミントの葉…4枚
皮付きメロン(くり抜き済み)…1/2個
バニラアイスクリーム◎…1個(#16)
ホイップクリーム…60g
メロンボール(アンデスメロン)…9個
バニラアイスクリーム◎…1個(#16)
モナジュエルモヒートグリーン◎…30g
メロン皮付きクローバー型…1枚
ミント…1トッピング

※メロンスムージー
材料
メロン(アンデスメロン)…45g
アーモンドミルク◎…60g
シュガーシロップ…15g
氷(キューブアイス)…40g(2個)
作り方
❶ひと口大にカットしたメロン・アーモンドミルク・シュガーシロップ・氷を入れ攪拌する。

◎モナジュエルモヒートグリーン(フレーバーゼリー／丸源飲料工業)
◎アーモンドミルク(筑波乳業)
◎バニラアイスクリーム(森永乳業)

[作り方]

❶グラスに、モナジュエルモヒートグリーン・メロンスムージーを入れる。

❷グラスに、クローバー型に抜いたメロンとミントの葉を交互に貼り付ける。

❸果肉の部分をくり抜いた後のメロンに、バニラアイスクリームを入れ、ホイップクリームを絞り、グラスにのせる。

❹直径2.9cmイモクリでボウル状にくり抜いたメロンボールをまわりに6個並べ、中央に3個のせる。

❺バニラアイスクリームをのせ、モナジュエルモヒートグリーン・メロンの皮付きクローバー型・ミントで飾る。

Point

● メロンの器とグラスの間の空間にも、飾りを。

● 上に飾るメロンボールとメロンボール間にゼリーをかけて、隙間をなくして「いっぱいのっている」感じを強調する。

2色のメロンパフェ

2色のメロンパフェ

アンデスメロンと赤肉メロンの2種類のメロンをメロンボールにして盛り合わせました。グラスの下にも2色のメロンボールを入れ、炭酸水と合わせて「飲む要素」もプラス。最初に飲んでもいいし、上のアイスクリーム、ホイップクリームが炭酸水と混ざってクリームメロンソーダの味わいにして飲んでもいいし、味の変化を楽しめます。

グラス（直径8.3cm、高さ16.5cm）

［材料］

メロンボール（アンデスメロン）…4個
メロンボール（赤肉）…4個
炭酸水…100ml
ホイップクリーム…55g
バニラアイスクリーム◎…73g
メロンボール（アンデスメロン）…3個
メロンボール（赤肉）…3個
ホイップクリーム…9g
ミニマドレーヌ…2個
メロンの皮…1トッピング

◎バニラアイスクリーム（森永乳業）

［作り方］

❶グラスに、2色のメロンボールを入れ、炭酸水を注ぐ。

❷ホイップクリームを絞り、バニラアイスクリームをスコップ型で飾る。

❸2色のメロンボール・マドレーヌを飾る。

❹長さ15cm・幅6cm位のメロンの皮を直径1cmの棒状に巻き付けてくるくるさせたものを飾る。

❺お好みでストローをさす。

Point

●2色のメロンボールは、高さを意識して彩りよく飾る。

●アイスクリームは、スコップ型にすると高さのある飾り方ができる。

●メロンボールのくり抜き方は028ページに。

スター☆メロンパフェ

スター☆メロンパフェ

大きくくし切りにカットした赤肉メロンを左右にダイナミックに広げて飾り、メロンの存在を目立たせました。ひと目でメロンとわかるよう、皮付で、皮の部分に細工をしてメロンは飾りますが、食べやすさを配慮して、皮の下と果肉の間にナイフを入れておきます。

パフェグラス(直径9cm、高さ15cm)

[材料]

赤肉メロンピューレ※…15g
豆乳ヨーグルト◎…70g
ホイップクリーム…25g
赤肉メロン(くし切り)…2切れ
バニラアイスクリーム◎…1個(#18)
ホイップクリーム…10g
赤肉メロン星型(2.5cm)…4個(1g/個)
赤肉メロンピューレ※…5g
クッキー…1枚

※赤肉メロンピューレ
材料
赤肉メロン
作り方
❶赤肉メロンを細かく刻み、さらに攪拌してピューレ
　状にする。

◎豆乳ヨーグルト(マルサンアイ)
◎バニラアイスクリーム(森永乳業)

[作り方]

❶グラスに、赤肉メロンピューレ・豆乳ヨーグルトを入れる。

❷長さ12cm・幅3cmのくし切りにし、皮の部分に切込みを入れた赤肉メロンを手前に2切れ飾り、奥にバニラアイスクリームをのせる。

❸手前と奥に絞り袋に入れたホイップクリームを絞る。

❹星型に抜いた赤肉メロンを飾り、赤肉メロンピューレをかける。
　クッキーを飾る。

Point

◉飾る皮付メロンは、枝付きの反対側から食べてもらえるように切り込みを入れて飾る。

◉メロンの皮の部分を丸めて、立体感を出して目立たせる。

トロピカルパフェ

南国フルーツのマンゴーとキウイを中心に、マンゴーアイスクリームとマンゴーソース、ドライマンゴーとドライマンゴー入り豆乳ヨーグルトを組み合わせて「トロピカル」を強調しました。マンゴーソースも、マンゴーの果肉を残して「食べるソース」にして目立たせました。

パフェグラス（直径10cm、高さ14.5cm）

[材料]

キウイ（花型）…3枚
マンゴーソース◎…8g
ドライマンゴー入り豆乳ヨーグルト※…86g
ホイップクリーム…30g
マンゴーシャーベット…1個（#18）
バニラアイスクリーム◎…1個（#18）
ホイップクリーム…25g
ごろごろマンゴーソース※…70g
ドライマンゴー…2本
ミント…1トッピング
キウイ（花型）…1枚

※ごろごろマンゴーソース
材料
冷凍マンゴーチャンク◎…6〜7個（50g）
フルーツデザートクリエイター◎…20g
作り方
❶ボウルに、冷凍マンゴー・フルーツデザートクリエイターを入れ、ラップして冷蔵庫で一晩置く。または、ガラスボウルに冷凍マンゴー・フルーツデザートクリエイターを入れ電子レンジ20秒かける。

※ドライマンゴー入り豆乳ヨーグルト
材料
豆乳ヨーグルト◎…100g
ドライマンゴー…1〜2スティック
作り方
❶豆乳ヨーグルトに、ドライマンゴーを刻んだものを混ぜて、120分置いて使う。浸けるとドライマンゴーがフレッシュマンゴーのような食感になる。

◎冷凍マンゴーチャンク（冷凍カットフルーツ／丸源飲料工業）
◎フルーツデザートクリエーター（デザートソース材料／丸源飲料工業）
◎マンゴーソース（森永乳業）
◎豆乳ヨーグルト（マルサンアイ）
◎マンゴーシャーベット（森永乳業）
◎バニラアイスクリーム（森永乳業）

[作り方]

❶グラスに、5mm厚に輪切りにスライスし花型に抜いたたキウイを貼りつける。

❷マンゴーソース・ドライマンゴー入り豆乳ヨーグルトを入れ、ホイップクリームをフタをするように絞る。

❸左右に、マンゴーシャーベットとバニラアイスクリームをのせ、奥にホイップクリームを絞り、ごろごろマンゴーソース・花型に抜いたキウイ・ドライマンゴー・ミントを飾る。

Point

●マンゴーソースは、マンゴーの果肉がゴロゴロ入っているソースにして食べるソースに。

●ドライマンゴーで、食感の違いをアクセントに。

●キウイのうす切りを花型で抜いたものをグラスの内側に貼って目立たせる。

マンゴー＆ココナッツパフェ

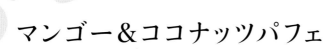

マンゴー＆ココナッツパフェ

冷凍マンゴーとマンゴーゼリー、マンゴーソースで通年出せるマンゴーパフェに。マンゴーの他は「白い食材」を合わせて、マンゴーの存在感を高めました。食感のアクセントには、ココナッツロングとナタデココを。上の冷凍カットマンゴーは小さくカットしないで、ピックを刺して食べやすいようにして飾ります。

パフェグラス（直径11cm、高さ14cm）

[材料]

マンゴーソース◎…5g
ココナッツゼリー※…50g
ホイップクリーム…8g
マンゴーゼリー…23g
ナタデココ…33g
ココナッツアイスクリーム◎…1個(#18)
ホイップクリーム…30g
マンゴーゼリー※…25g
ナタデココ…5g
ココナッツロング（ロースト）…1g位
冷凍マンゴーチャンク◎…2個
チャービル…1トッピング

※ココナッツゼリー
材料（できあがり量200g）
ココナッツミルク…150g
生クリーム（35%）…30ml
グラニュー糖…18g
板ゼラチン…3g
作り方
❶鍋に、ココナッツミルク・生クリーム・グラニュー糖を入れ、沸騰させないように温める。
❷ふやかしたゼラチンを入れ、溶かし、バットにこし入れ、冷蔵庫で冷やし固める。

※マンゴーゼリー
材料（できあがり量345g）
冷凍マンゴーチャンク◎…300g
水…15ml
グラニュー糖…30g
板ゼラチン…5g
作り方
❶鍋に、ピューレ状にしたマンゴー・水・グラニュー糖を入れ、沸騰させないように温める。
❷ふやかしたゼラチンを入れ、溶かし、バットにこし入れ、冷蔵庫で冷やし固める。

◎冷凍マンゴーチャンク（冷凍カットマンゴー／丸源飲料工業）
◎ココナッツアイスクリーム（森永乳業）
◎マンゴーソース（森永乳業）

[作り方]

❶グラスに、マンゴーソースを入れ、グラスをまわす。
❷サイコロ状にカットしたココナッツゼリーを入れ、ホイップクリームをフタをするように絞る。
❷中央にマンゴーゼリーとまわりにナタデココを盛る。
❹左にココナッツアイスクリーム・奥にホイップクリームを絞る。
❺手前に、マンゴーゼリーとナタデココを盛る。
❻ホイップクリームの上に、ココナッツロングをコーヒースプーンで3杯ふりかけ、ピックに刺したマンゴーチャンクとチャービルを飾る。

● マンゴーゼリー、マンゴーチャンクを白色との対比で目立たせる。
● スプーンで食べにくい大きさのフルーツは、手で持って食べやすくする工夫をして飾る。

マンゴープリンパフェ

マンゴープリンパフェ

単品でも商品力のあるマンゴープリンをパフェのスタイルで提供します。マンゴープリンを引き立てるように、ホイップクリームとミントのシンプルなデコレーションに。グラスの側面から見える部分も、ヨーグルトとバニラアイスクリームとマンゴーソースで、シンプルにして統一感を出しました。

パフェグラス(直径12cm、高さ12cm)

[材料]

ごろごろマンゴーソース※…50g
マンゴーシャーベット◎…1個(#18)
ヨーグルト…80g
ホイップクリーム…30g
マンゴープリン※…1個
3Dホイップクリーム…47g
マンゴーソース…4g
ミントの葉…7枚

※マンゴープリン
材料(直径5.5cm、高さ5cmプリンカップ5個分)
冷凍マンゴーチャンク…300g
グラニュー糖…45g
板ゼラチン…6g
湯…110ml
生クリーム(35%)…38ml
作り方
❶鍋に、粗くピューレ状にしたマンゴーチャンク・グラニュー糖・湯を入れ沸騰させないように温める。
❷ふやかしたゼラチンを入れて溶かし、氷水にあて粗熱をとる。
❸六分立てに泡立てたホイップクリームを2と合わせ、プリンカップに90gずつ流し入れ、冷蔵庫で冷やし固める。

※ごろごろマンゴーソース
材料
冷凍マンゴーチャンク◎…6〜7個(50g)
フルーツデザートクリエイター◎…20g
作り方
❶ボウルに、冷凍マンゴー・フルーツデザートクリエイターを入れ、ラップして冷蔵庫でひと晩置く。または、ガラスボウルに冷凍マンゴー・フルーツデザートクリエイターを入れ電子レンジ20秒かける。

◎冷凍マンゴーチャンク(冷凍カットフルーツ／丸源飲料工業)
◎フルーツデザートクリエーター(デザートソース材料／丸源飲料工業)
◎マンゴーシャーベット(森永乳業)

[作り方]

❶グラスに、ごろごろマンゴーソース・マンゴーシャーベット・ヨーグルトの順に盛る。
❷ホイップクリームをフタをするように絞り、中央にマンゴープリンをのせ、まわりに3D口金をセットした絞り袋でホイップクリームを8か所絞る。
❸マンゴーソースをかけ、ミントの葉を飾る。

3D口金

 Point

● シンプルに飾るときは、左右対称の飾りを意識する。
● マンゴープリンを主役にするよう、かけるソースもマンゴーソースに。

丸ごとピーチパフェ

丸ごとピーチパフェ

フルーツを「丸ごと」をデコレーションに使うのは、「映える」のに非常に有効ですが、食べにくくなるのも非常に問題です。桃は、丸ごとコンポートにすることで、スプーンで食べやすくして飾りました。桃は、高級感のあるフルーツなので、桃のゼリーと合わせて強調しました。

パフェグラス（直径9cm、高さ15cm）

［材料］

桃のクラッシュゼリー※…6g
ピーチシャーベット◎…1個（#22）
ホイップクリーム…20g＋30g
バニラアイスクリーム◎…1個（#18）
桃のクラッシュゼリー※…10g
ピーチシャーベット◎…1個（#26）
桃のコンポート※…1個分
桃のクラッシュゼリー※…20g
ミントの葉…5枚

※桃のコンポート
材料（直径8.5cm位　2個分）
白桃…2個
グラニュー糖…25〜30g
水…250ml
プルコレモン◎…15g
作り方
❶鍋に、水・グラニュー糖・プルコレモンを入れ、沸騰させる。
❷砂糖が溶けたら、桃を皮付きのまま加え、落しブタをし、約8〜10分中火で煮る。
❸冷めたら桃を取り出し、粗熱が取れたら冷蔵庫へ入れておく。

※桃のクラッシュゼリー
材料
桃のコンポートの煮汁…全量（170g位）
板ゼラチン…2.5g
作り方
❶桃のコンポートの煮汁を鍋に移し、100mlになるまで煮詰め、火を止めてからふやかしたゼラチンを加え、溶かし、バットに流し、冷やし固める。
❷細かく刻む。

◎プルコ レモン（レモン果汁入り濃縮飲料／サントリーフーズ）
◎ピーチシャーベット（森永乳業）
◎バニラアイスクリーム（森永乳業）

［作り方］

❶グラスに、桃のクラッシュゼリー6gを入れる。

❷ピーチシャーベットを入れ、ホイップクリームでフタをするように絞る。

❸バニラアイスクリームを中央にのせ、まわりに桃のクラッシュゼリー10gを散らす。

❹さらに、ホイップクリームでフタをするように絞り、食べやすいように縦に4等分にした桃のコンポートの中にピーチアイスクリームをいれ、のせる。

❺桃のクラッシュゼリー20gを上に飾り、ミントの葉をトッピングする。

Point

● 桃のコンポートの煮汁をゼリーにして活用。

● ミントの飾り方で、桃のコンポートの存在感を高める。

渋皮栗とぶどうの
ジャンボチーズモンブラン

ジャンボサイズなので、アイスクリームだけでなくシャーベットを合わせて、食べて重くならないようにしました。食べ飽きないよう、グラスの下にはパウンドケーキを。パウンドケーキとグラスの間に隙間を作って、見た目にも重くない印象づくりをしました。

パフェグラス(直径9.5cm、高さ15.5cm)

[材料]

ラズベリーソース※…15g
巨峰…5粒分
バニラアイスクリーム◎…1個(#18)
マスカルポーネアイスクリーム◎
　…1個(#18)
パウンドケーキ…67g
ラズベリーソース※…10g
ホイップクリーム…55g
フランボワーズシャーベット…1個(#18)
バニラアイスクリーム◎…1個(#18)
和栗チーズクリーム※…90g
ホイップクリーム…14g×2
渋皮栗煮◎…2個
巨峰…6粒
ラズベリーソース※…3g
粉砂糖…　適量
チャービル(大)…1トッピング

====

※ラズベリーソース
材料
冷凍ラズベリーピューレ…60g
粉糖…2g
プルコレモン◎…6ml
作り方
❶材料をよく混ぜ合わせる。

※和栗チーズクリーム
材料
和栗ペースト…50g
クリームチーズ…80g
作り方
❶材料をよく混ぜ合わせる。

====

◎プルコ レモン(レモン果汁入り濃縮飲料／サントリーフーズ)
◎マスカルポーネアイスクリーム(森永乳業)
◎バニラアイスクリーム(森永乳業)
◎渋皮栗煮(正栄食品)

[作り方]

❶グラスに、ラズベリーソースを入れグラスをまわす。

❷縦半分にカットした巨峰を入れ、バニラアイスクリーム・マスカルポーネアイスクリーム・4cm幅のパウンドケーキを6等分にカットしたものの順に入れる。

❸ラズベリーソースを渦をまくようにかけ、ホイップクリームをフタをするように絞る。

❹左にフランボワーズシャーベット、右にバニラアイスクリームをのせ、バニラアイスクリームの上に和栗チーズクリームを小田巻で絞る。

❺手前と奥にホイップクリーム絞り、渋皮栗煮・巨峰を飾る。

❻フランボワーズシャーベットの上に、ラズベリーソースをかけ、粉砂糖・チャービルで仕上げる。

Point

● ボリュームのあるサイズなので、巨峰と渋皮栗煮を散らして配置する。

● アイスクリームだけでなく、シャーベットも合わせて重くならない食べ味に。

シャインマスカットパフェ

シャインマスカットパフェ

グラスの中の土台はマスカット粒ゼリー。マスカットの爽やかな色合いで統一感を出しました。マスカット粒ゼリーの上にヨーグルトをのせ、その上にライチシャーベットとマスカットのクラッシュゼリー。ヨーグルトにキヌアを混ぜることで、食感の変化を楽しめる要素にしました。

パフェグラス(直径8cm、高さ11.5cm)

[材料]

マスカット粒ゼリー※…1個
ヨーグルト…60g
キヌア◎…2g
ホイップクリーム…30g
ライチシャーベット…1個(#20)
フロランタン…適量
クラッシュゼリー※…16g
枝付きシャインマスカット…3粒
ミント…1トッピング

※マスカット粒ゼリー/クラッシュゼリー
材料
水…250ml
プルコレモン◎…20ml
グラニュー糖…30g
板ゼラチン…5g
シャインマスカット…5粒
作り方
❶鍋に、水・プルコレモン・グラニュー糖を入れ沸騰させないように火にかけ温める。
❷火を消し、ふやかしたゼラチンを入れ溶かす。
❸グラスにシャインマスカットを入れ、2を110ml注ぎ、冷蔵庫に入れて冷やし固める。
❹残り(190g)のは、容器に入れ、冷蔵庫で冷やし固め、固まったら細かく刻んでクラッシュゼリーにする。

◎プルコ レモン(レモン果汁入り濃縮飲料／サントリーフーズ)
◎キヌア(エスビー食品)

[作り方]

❶マスカット粒ゼリーが入ったグラスに、ヨーグルトとキヌアを混ぜたものを入れる。
❷ホイップクリームを絞り、ライチシャーベットを右側にのせる。
❸クラッシュゼリーを中央にのせ、フロランタン・枝付きシャインマスカットを飾る。

Point

● マスカットを房で飾って、ボリューム感をアピール。
● ヨーグルトにキヌアを混ぜて、食感を楽しませる要素をプラス。
● ゼリーの中にも丸ごとマスカットを入れてご馳走感を高める。

洋なしパフェ

洋なしパフェ

洋梨の1/2カットには切り込みを入れてレモンスライスを差し込み、バニラビーンズペーストをかけて飾ります。ヘタの部分の皮を残しておき、手で持って食べてもらう趣向に。添えるラフランスジュースは、パフェを食べながら飲んでもらってもいいし、途中でパフェにジュースを入れて味の変化を楽しんでもらうのもおすすめです。

パフェグラス(直径10cm、高さ14.5cm)

[材料]

カットレモンゼリー◎…17g（4カット）
洋梨ハーフ缶◎…1カット
カットレモンゼリー◎…30g
レモンスライス…1/4枚×2
カットレモンゼリー◎…36g
ホイップクリーム…30g
りんごシャーベット◎…1個(#18)
洋なし…1/2個
レモンスライス…1/2枚×2
バニラビーンズペースト◎…1g
ミント…1トッピング
ラフランスジュース…100ml

◎カットレモンゼリー(タヌマ)
◎りんごシャーベット(森永乳業)
◎バニラビーンズペースト(サンデン商事)
◎洋梨ハーフ缶

[作り方]

❶グラスに、レモンゼリー・洋梨ハーフ・レモンゼリー・レモンスライス・レモンゼリーの順に入れる。

❷ホイップクリームでフタをするように絞り、左にりんごシャーベット・右に皮をむいた洋なしに切込みを入れ、そこにレモンスライスを差し込んだもののせ、バニラビーンズペーストをかけ、ミントを飾る。

❸グラス(直径6cm・高さ12cm)に、ラフランスジュースを注ぎ、ストローをさす。

Point

●ラフランスジュースを飲みながら食べてもよいし、パフェにラフランスジュースを入れて飲んで食べてもよい。

いちじくパフェ

いちじくパフェ

皮が薄くて皮ごと食べられる西洋いちじくはパフェ向きでしょう。いちじくを引き立てるために、いちじくのジャムを合わせ、いちじくのシフォンケーキも合わせました。ドライいちじくも飾り、いちじくの時季を感じるパフェにしました。

パフェグラス(直径11cm、高さ12.5cm)

[材料]

いちじくジャム※…12g
ヨーグルト…40g
いちじくジャム※…30g
ホイップクリーム…27g
バニラアイスクリーム◎…1個(#20)
いちじくシフォンケーキ※…1カット
ホイップクリーム…7g＋7g
ドライスライスいちじく…2カット
ホイップクリーム…9g＋3g
いちじく…1個分

[作り方]

❶グラスに、いちじくジャム12g・ヨーグルト・いちじくジャム30gの順に入れる。

❷ホイップクリームでフタをするように絞る。

❸左手前にバニラアイスクリーム・左奥にいちじくのシフォンケーキを2cm幅に切込みを入れ、絞り袋に入れたホイップクリームを各7gを切込みに絞り、ドライスライスいちじくを飾ったものを盛る。

❹縦に4等分にカットしたいちじく1個分を右手前に飾り、ホイップクリームをシフォンケーキの左に3gと右に9g絞る。

❺いちじくジャムをトッピングする。

※いちじくのシフォンケーキ
材料(直径14cmと10cm 1台分)
卵黄…3個分
マカデミアナッツオイル◎…25g
ヨーグルト…95g
ドライいちじく…60g
薄力粉…60g
卵白…135g
グラニュー糖…70g

作り方
❶ドライいちじくは、ゆでて1cm角にカットし、ヨーグルト50gと合わせ、30分おく。
❷ボウルに卵黄を入れほぐし、グラニュー糖を35g入れ、白っぽくなるまでよくすり混ぜる。
❸マカデミアナッツオイル・ヨーグルト45g・ふるった薄力粉の順に入れ、やさしく混ぜる。
❹卵白とグラニュー糖35gを泡立てて、七分立てのメレンゲを作り、3回に分けて、切るように混ぜる。
❺170度のオーブンで35分位焼成。

※いちじくジャム
材料(できあがり量72g)
いちじく…80g
グラニュー糖…40g
プルコレモン◎…3ml

作り方
❶いちじくは、皮をむき4等分にし、グラニュー糖20g合わせ30分おく。
❷1を鍋に入れ火にかけ、アクとりし、残りのグラニュー糖を入れて煮る。とろみがついたら火からおろし、プルコレモンを入れる。(冷蔵庫で5日間保存可)

◎プルコ レモン(レモン果汁入り濃縮飲料／サントリーフーズ)
◎マカデミアナッツオイル(ニダフジャパン)
◎バニラアイスクリーム(森永乳業)

●いちじくのジャム、いちじくのシフォンケーキ、ドライいちじくで、いちじくの風味の幅をつくる。

●皮付きのまま食べられるいちじくを飾りに。

いちじくと柿のパフェ

10月から最盛期を迎える柿と、10月頃まで出まわるいちじくという、時期が重なる期間が短いフルーツを合わせて、「この時季だけのパフェ」という付加価値を高めました。いちじくは、縦にカットして上に飾る他、輪切りにしてグラスの内側に貼り付けて目立たせました。

パフェグラス(直径7cm、高さ14.5cm)

[材料]

いちじく輪切り…3枚
いちじくジャム※…12g＋8g
ホイップクリーム（絞り袋）…15g
紅茶ゼリー※…80g
ホイップクリーム…30g
バニラアイスクリーム◎…1個(#22)
フルーツグラノラハーフ◎…8g
柿…1/4個分
いちじく…1/2個分
チャービル…1トッピング

※いちじくジャムの作り方は101ページ。

※紅茶ゼリー
材料(できあがり量156g)
アールグレーティー…150ml
板ゼラチン…2.5g
グラニュー糖…8g
作り方
❶鍋に、アールグレーティー・グラニュー糖を入れ沸騰させないように温める。
❷温まったら、火を消し、ふやかしたゼラチンを加え溶かす。
❸バットにこしながら入れ、冷やし固める。
❹フォークでジュレ状にする。

◎フルーツグラノラハーフ（ケロッグ）
◎バニラアイスクリーム（森永乳業）

[作り方]

❶グラスに、輪切りにしたいちじくを貼り付ける。

❷いちじくジャムを入れ、絞り袋に入れたホイップクリーム15gを絞る。

❸紅茶ゼリーを入れ、ホイップクリームを全面に絞り、バニラアイスクリームをのせ、フルーツグラノラハーフをグラスのまわりに飾る。

❹柿1/4個を3等分にしたものを手前に飾り。いちじく1/2個を3等分にしたものを奥に飾る。

❺いちじくジャム・チャービルを飾る。

Point

● 合いちじくの輪切りをグラスの内側に貼り付けて演出する。

● アールグレーの紅茶ゼリーを合わせて、香りの変化の演出も。

柿のティラミスパフェ

柿のティラミスパフェ

柿のピューレとマスカルポーネチーズで作る柿ティラミスムースをパフェグラスで冷やし固め、それを土台にして柿やアイスクリームを飾りました。食感の違うアクセントとして、フィンガービスケットと、干し柿をスライスしたものを合わせました。

パフェグラス(直径10cm、高さ14cm)

[材料]

W柿ソース◎…5g
フィンガービスケット…1本分
IQFマンゴーチャンク◎…3カット
柿ティラミスムース※…70g
マスカルポーネアイスクリーム◎
　…1個(#18)
ホイップクリーム…25g
ヘタ付き柿…1/4個分
フィンガービスケット…1本
干し柿スライス…1枚
W柿ソース◎…5g
粉砂糖…適量
乾燥もみじ◎…1枚

※柿ティラミスムース
材料(できあがり量180g)
完熟生柿ピューレ◎…20g+90g
マスカルポーネチーズ…30g
板ゼラチン…2g
生クリーム(35%)…30g
作り方
❶湯煎にかけた完熟生柿ピューレ20gに、ふやかしたゼラチンを加え溶かす。
❷ボウルに、完熟生柿ピューレ90g・マスカルポーネチーズを入れ混ぜ、1を加えてなめらかにする。
❸氷水にあて、七分立てに泡立てたホイップクリームとあわせ、とろみをつける。

◎IQFマンゴーチャンク(冷凍カットマンゴー／丸源飲料工業)
◎W柿ソース(山眞産業)
◎乾燥もみじ(山眞産業)
◎完熟生柿ピューレ(山眞産業)
◎マスカルポーネアイスクリーム(森永乳業)

[作り方]

❶グラスに、W柿ソースを入れ、グラスを回し、3等分にカットしたフィンガービスケット・マンゴーチャンクを入れる。

❷柿のティラミスムースを流し入れ、冷やし固める。

❸固まったら、左にマスカルポーネアイスクリームをのせ、右にホイップクリームを絞り、手前に皮をむいたヘタ付きの柿を飾る。

❹フィンガービスケット・干し柿スライス・乾燥もみじ・粉砂糖で飾る。

Point

●ムースにもメインと同じく柿を使って統一感を高める。

●柿の形がわかるよう、ヘタを残して皮をむいたものを飾る。

●秋らしさを伝える飾りに。

りんごパフェ

「タルトタタン」という人気フランス菓子が示すように、りんごとキャラメルの相性はバツグン。ここを考え、アイスクリームはキャラメルアイスクリームに。ほか、キャラメルりんごクリーム、キャラメルりんごマフィンも合わせて組み立てました。りんごは身近なフルーツなので、カッティングで華やかさを出して飾り付けました。

パフェグラス(直径9cm、高さ13cm)

[材料]

キャラメルアイスクリーム◎…1個(#20)
ホイップクリーム…13g
キャラメルりんごクリーム※…27g
ホイップクリーム…25g
バニラアイスクリーム◎…1個(#18)
りんご(幅5cm・高さ7.5cm位)…1/4個分位
キャラメルりんごマフィン※…1個
キャラメルりんごクリーム※…13g
粉砂糖…適量
チャービル…2トッピング

※キャラメルりんごクリーム
材料
りんご…130g(3/4個分位)
水…小1/4
グラニュー糖…20g・15g
バター(無塩)…2g
生クリーム(35%)…50ml
作り方
❶ライパンに、グラニュー糖20g・水を入れ、カラメル色になるまで中火で加熱し、砂糖の色がかわるまでかき混ぜないでじっとがまんする。うすく煙がたち、泡が大きくふくらんできたら、皮をむいた7mm角のりんごとバターを加えソテーする。
❷りんごがしんなりしてきたら、グラニュー糖15gと生クリームを加え、たえず中火でかき混ぜながらふつふつした状態のまま加熱する。
❸色が濃くなり、りんごにツヤがでてキャラメルがねっとりとからみくようになってきたらできあがり。

※キャラメルりんごマフィン
材料(直径5cm 6個分)
キャラメルりんごクリーム…40g
ヨーグルト…30g
薄力粉…50g
ベーキングパウダー…1.3g
バター(無塩)…25g
グラニュー糖…15g
卵(L)…1/2個

作り方
❶ボウルに、室温に戻したバター・グラニュー糖を入れ、すり混ぜる。
❷卵を少量づつ加え、その都度良くかき混ぜる。
❸キャラメルりんごクリームとヨーグルトを混ぜたものを加え、ふるった粉類も加え、さっくりと混ぜる。
❹型に流し入れ、180度のオーブンで18〜20分焼成。

◎キャラメルアイスクリーム(森永乳業)
◎バニラアイスクリーム(森永乳業)

[作り方]

❶グラスに、キャラメルアイスクリームを入れ、ホイップクリームを絞り、キャラメルりんごクリームをグラスの縁まわりにかけ、さらにホイップクリームでフタをするように絞る。
❷バニラアイスクリームを奥に盛り、V字に5m幅で切込みを左右4箇所ずつ入れたりんごを飾り、左にキャラメルりんごマフィンとキャラメルりんごクリームをのせ、粉砂糖をふり、チャービルを飾る。

Point

●りんごは飾り切りをして、高さの躍動感のある飾り付けに。
●りんご風味のクリームと、りんご風味の焼き菓子を組み合わせ、りんご風味に幅を持たせて構成。
●りんごの飾り切りは、030ページに。

アップルブーケパフェ

皮付きりんごの薄切りを加熱したのち、6枚を重ねて巻いて花に見立てます。このりんごの花を集めて花束のように見えるパフェにしました。りんごの花の間にチャービルを所々に入れてメリハリを出します。リーフパイを刺したりシナモンシュガーをふって、味のアクセントも添えました。

パフェグラス（直径12cm、高さ19.5cm）

[材料]

ピスタチオアイスクリーム…1個(#20)
ヨーグルト…60g
姫りんごゼリー◎…120g
りんごシャーベット◎…1個(#18)
ホイップクリーム…48g
りんごのお花※…9花
リーフパイ…3個
チャービル…4トッピング
チャービル(大)…1トッピング
シナモンシュガー◎…適量

※りんごのお花
材料
りんご…1個
グラニュー糖…りんごの20%
プルコレモン◎…小さじ1
作り方
❶皮つきのうす切りにしたりんご・グラニュー糖・プルコレモンを耐熱ガラス容器に入れ、30秒位電子レンジにかける。
❷バットに広げ、りんごに密着するようにラップで覆い冷やす。
❸6枚位をずらして重ね、端から巻いてりんごのお花をつくる。

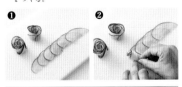

◎プルコ レモン(レモン果汁入り濃縮飲料／サントリーフーズ)
◎姫リンゴゼリー(タヌマ)
◎シナモンシュガー(エスビー食品)
◎りんごシャーベット(森永乳業)

[作り方]

❶グラスに、ピスタチオアイスクリーム・ヨーグルト・姫りんごゼリー・りんごシャーベットの順に盛る。

❷リンゴシャーベットにかぶせるようにホイップクリームを絞り、りんごのお花を外側に6花、中央に3花飾る。

❸リーフパイ・チャービルで飾り、シナモンシュガーをふる。

Point

●加熱して巻くりんごのうす切りは、グラニュー糖で甘く仕上げる。

●りんごの花の間に、緑を配し、葉っぱ型のパイを入れて花束らしさを演出。

107

秋の収穫祭パフェ

りんご、栗、いちじく、巨峰、柿を盛り合わせるだけでなく、りんごは
ソテー、栗は甘露煮、柿はドライ、いちじくと巨峰はフレッシュと、加
工法の違うものを盛り合わせて、よりバラエティに富んだ内容に感じら
れる組み立てにしました。

パフェグラス(直径11cm、高さ17.5cm)

[材料]

りんごのソテー※…4カット(92g)
りんごをソテーしたシロップ…2g
レーズン…8粒
キャラメルアイスクリーム◎…1個(#22)
ホイップクリーム…30g
バニラアイスクリーム◎…1個(#18)
マロン入りスイートポテト※…43g
栗甘露煮…1個
渋皮栗煮◎…1個
いちじく…1個分
りんご(銀杏型)…2カット
巨峰…1粒分
ドライ柿スライス…1枚
シリアルスティックチョコ※…1個
メープル風シロップ◎…2g
粉砂糖…適量
ミント…1トッピング
乾燥もみじ◎…1枚

※マロン入りスイートポテトの作り方は135ページ。

※シリアルスティックチョコ
材料(7本分)
クーベルチュールチョコレート
(60%カカオ36g・40%カカオ64g)…100g
コーンフレーク◎…40g
スライスアーモンド…20g
作り方
❶ボウルに、チョコレートを入れ湯煎にかける。
2. 軽く砕いたコーンフレーク・スライスアーモンド
を入れ混ぜ、オーブンシートの上に幅3.5cm長さ
9cmの大きさにし、乾かす。

※りんごのソテー
材料(7本分)
りんご…1/2個分
バター(無塩)…6g
三温糖…13g
カルバドス…大さじ1/2
バニラビーンズペースト◎…2g
作り方
❶フライパンに、バターを入れ火にかけ溶かし、
1/2個分のりんごを4等分にくし切りしたも
のと三温糖を入れ、ソテーし、バニラビーン
ズペースト・カルバドスを入れ風味づけする。

◎乾燥もみじ(山眞産業)
◎メープル風シロップ(筑波乳業)
◎キャラメルアイスクリーム(森永乳業)
◎バニラアイスクリーム(森永乳業)
◎渋皮栗煮(正栄食品)
◎コーンフレーク(ケロッグ)
◎バニラビーンズペースト(サンデン商事)

[作り方]

❶りんごのソテーをグラスのまわりに貼りつけておく。

❷りんごをソテーしたシロップを入れ、レーズン(黒4・緑3・茶1)を入れる。

❸キャラメルアイスクリームをのせ、その上にホイップクリームを絞り、バ
ニラアイスクリームを右にのせる。

❹長さ5.5cm位のマロン入りスイートポテト・栗甘露煮・渋皮栗煮・銀杏型に
抜いたりんご・縦に4等分にカットしたいちじく・縦に半分にカットした
巨峰・ドライ柿スライス・シリアルスティックチョコ・紅葉ドライ・ミント
を飾り、メープルシロップ・粉砂糖で仕上げる。

Point

●フレッシュフルーツのほか、ドライフルーツも
混ぜて食感に広がりを。

●近くに同じフルーツが並ばないように飾って賑
わいを出す。

まるごとみかんパフェ

フルーツを丸ごと飾るのは、「どんな風に丸ごと使っているのだろう？」という期待も膨らみますので、パフェ全体に「丸ごと」使っている印象を与えられるようにします。グラスの下には、みかんゼリーを入れ、上にはみかんのジュレと、みかん丸ごとを飾りました。飾りのパイもみかんのパイを合わせました。糖度の高いブランドみかんもいろいろありますので、そのみかんを使って、そのブランド名をネーミングに生かすパフェ開発もできます。

パフェグラス（直径7.5cm、高さ17cm）

[材料]

みかんゼリー※…30g（5カット位）
ヨーグルト…20g
みかんゼリー※…30g
ミントの葉…3枚
みかんゼリー…43g
ココナッツアイスクリーム◎…1個（#22）
ホイップクリーム…20g
まるごとみかん◎…1個分
みかんのミニパイ…1枚
ミントの葉…1枚
まるごとみかんのジュレ…適量

※みかんゼリー
材料（できあがり量250g位）
みかんジュース…250ml
グラニュー糖…32g
寒天パウダー…2.5g
作り方
❶鍋にみかんジュース180ml・グラニュー糖・寒天パウダーを入れ、よく混ぜ、中火にかける。
❷沸騰したら、約2分程煮立てて、火を止めてから、残りのみかんジュース70mlを加え混ぜる。
❸容器に流し入れ、冷蔵庫で冷やし固める。

◎まるごとみかん（缶詰／KSブランド）
◎ココナッツアイスクリーム（森永乳業）

[作り方]

❶グラスに、みかんゼリー・ヨーグルト・みかんゼリー・ミントの葉・みかんゼリーの順に入れる。

❷ココナッツアイスクリームを中央にのせ、ホイップクリームでフタをするように絞り、まるごとみかんをのせ、みかんのミニパイ・ミントの葉を飾り、缶詰のまるごとみかんのジュレをみかんにかける。

Point

● みかん丸ごとの形をよく見せる飾り方を。
● みかんゼリー、みかんのパイで、風味に統一感を。

ケークの技術

新しい形、見せるデコレーション、季節限定品などなど、話題のケークが一堂に。関東、関西、中部の人気パティスリー35店の評判ケークのレシピと、その配合と組み立て方の考え方、個性づくりの視点を詳しく解説。各店のケークのバリエーションも紹介。

B5判　184ページ
定価3500円＋税
ISBN978-4-7511-1200-7

【本書に登場するお店】

フランス菓子 アルカイク（埼玉・川口）
マテリエル（東京・大山）
パティスリー ヴォワザン（東京・荻窪）
ピュイサンス（神奈川・横浜）
パティスリー ジラフ（富山・黒瀬北町）
メゾン・ド・プティ・フール（東京・仲池上）
ガトー・ド・ボワ ラボラトワール（奈良・四条大路）
パティスリー ユウ ササゲ（東京・南烏山）
シェ シバタ（愛知・名古屋）
パティスリー アカシエ（埼玉・さいたま）
パティスリー グラム（愛知・名古屋）
パティスリー レタンプリュス（千葉・流山）
ル ジャルダン ブルー（東京・多摩）
パティスリー モンプリュ（兵庫・神戸）
パティスリー エチエンヌ（神奈川・川崎）
アルカション（東京・練馬）
アグレアーブル（京都・夷川通高倉東入）

パティスリー エキュバランス（京都・北白川）
ドゥブルベ・ボレロ（滋賀・守山）
エルベラン（兵庫・西宮）
パティスリー・パクタージュ（東京・町田）
パティスリー シエルブルー（岡山・総社）
パティスリー プレジール シュクレ（京都・河原町通丸太町上）
パティスリー ミラヴェイユ（兵庫・宝塚）
パティスリー・アプラノス（埼玉・さいたま）
ル パティシエ ティイイムラ（東京・東向島）
コムトゥジュール（京都・小山元町）
パティスリー セリュリエ（愛知・東海）
フランス菓子 ルリス（東京・三鷹）
パティスリー シュエット（兵庫・三田）
パティスリー カシュカシュ（埼玉・さいたま）
パティスリー リエルグ（大阪・玉串町東）
パティスリー ラ・キュイッソン（埼玉・八潮）
シュクレリーナード（東京・雪谷大塚）
クラックラン　アルザス（千葉・花見川）

旭屋出版　〒160-0005 東京都新宿区愛住町23番地2 ベルックス新宿ビルⅡ 6階
販売部（直通）☎03-5369-6423 https://www.asahiya-jp.com

お野菜パフェ
ベジタブルパフェ

かぼちゃ、さつまいもを使ったババロアや焼き菓子をメインにしたり、かぼちゃ、さつまいものクリームを主役にしたパフェも人気があります。いろいろな銘柄のかぼちゃ、さつまいもが出まわっているので活用できます。

- パンプキンパフェ
- かぼちゃババロアパフェ
- 紫いもモンブランパフェ
- 紫いもアーモンドミルクプリンパフェ

パンプキンパフェ

パンプキンパフェ

かぼちゃのシロップ煮とかぼちゃアイスクリームを主役に。食べ進む途中の食感の変化のために玄米グラノラを散らしたり、バニラアイスクリーム、キャラメルアイスクリームを入れています。ドライクランベリーを食べやすいようにスライスして、食感のアクセントにもなる飾りにしました。

パフェグラス(直径8cm、高さ17.5cm)

[材料]

かぼちゃのシロップ煮※…30g
バニラアイスクリーム◎…1個(#18)
ホイップクリーム…30g
キャラメルアイスクリーム◎…1個(#26)
玄米グラノラ◎…12g
ホイップクリーム…30g
かぼちゃアイスクリーム◎…1個(#18)
かぼちゃのシロップ煮※…40g
バニラウエハース◎…1個
ドライクランベリースライス
　…5カット(1g)
チャービル…1トッピング

※かぼちゃのシロップ煮
材料(できあがり量96g)
かぼちゃ…80g
水…60ml
グラニュー糖…30g
ラム酒…小さじ1
作り方
❶鍋に、1cm角にカットしたかぼちゃ・水・グラニュー糖を入れ、中火で煮る。
❷かぼちゃに火が通り、とろみがついたら火を消し、ラム酒を加える。

◎玄米グラノラ(ケロッグ)
◎バニラウエハース(エヌアイエスフーズ)
◎バニラアイスクリーム(森永乳業)
◎キャラメルアイスクリーム(森永乳業)
◎かぼちゃアイスクリーム(森永乳業)

[作り方]

❶グラスに、かぼちゃのシロップ煮・バニラアイスクリームの順に入れる。

❷ホイップクリームを絞り、キャラメルアイスクリームをのせ、グラスのまわりに玄米グラノラを散らす。

❸ホイップクリームをフタをするように絞り、左にかぼちゃアイスクリーム、右側にかぼちゃのシロップ煮とドライクランベリースライスをのせる。バニラウエハース・チャービルで飾る。

Point

●シロップ煮、アイスクリームで、かぼちゃ風味に広がりを。

●かぼちゃのシロップ煮は、食べやすい大きさで作ってグラスの底に入れる。

かぼちゃババロアパフェ

上にかぼちゃのババロアを1個のせて、かぼちゃチップスを刺して広がりの
ある飾り付けにしました。アイスクリームはかぼちゃアイス、シロップはメー
プル風シロップ。口直し的な役割として、グラスの中にガレットをカット
して入れました。

パフェグラス(直径10cm、高さ11.5cm)

[材料]

メープル風シロップ◎…3g
ガレット(直径4cm)…1枚(11g)
ホイップクリーム…8g
かぼちゃアイスクリーム◎…1個(#20)
ホイップクリーム…11g
かぼちゃのババロア※…1個
ホイップクリーム…7g
かぼちゃチップス…4枚
メープル風シロップ◎…3g
ミント…1トッピング

※かぼちゃのババロア
材料(直径7.5cm高さ5cmカップ2個分)
卵黄…1個
グラニュー糖…26g
牛乳…100ml
板ゼラチン…3g
かぼちゃマッシュ…50g(100g)
生クリーム(35%)…30ml
バニラビーンズペースト…2g
ラム酒…適量
作り方
❶かぼちゃ100gは、皮ごと4〜5cm角にカットし、皮
　を下にして2分半〜3分電子レンジにかけ、熱いう
　ちに皮をむき、マッシュする。
❷ボウルに、卵黄を入れほぐし、グラニュー糖を入れ
　すり混ぜる。
❸温めた牛乳を2に入れ混ぜ、火にかけとろみをつけ
　る。
❹ふやかしたゼラチンを入れ溶かす。
❺ボウルにこし入れ、1も入れ、氷水にあてて泡立て
　もったりさせる。
❻七分立てにしたホイップクリームを2回に分けて
　加え、なじませる。
❼バニラビーンズペースト・ラム酒を加える。
❽型に120gずつ流し入れ、冷やし固める。

◎メープル風シロップ(筑波乳業)
◎かぼちゃアイスクリーム(森永乳業)

[作り方]

❶グラスに、メープル風シロップを入れ、グラスをまわす。

❷4等分にカットしたガレットを入れ、ホイップクリーム8gを絞る。

❸かぼちゃアイスクリームをのせ、さらにホイップクリーム11gをアイスク
　リームの上に絞る。

❹かぼちゃのババロアをのせ、中央にホイップクリーム7gを絞り、かぼち
　ゃチップス・ミントを飾る。

❺メープル風シロップをかける。

Point

● かぼちゃのババロア、かぼちゃチップスの食感
　の対比を楽しさにする。

● グラスの直径に収まるサイズのかぼちゃババロ
　アを作る。

紫いもモンブランパフェ

紫いもモンブランパフェ

紫いものクリームをケーキのモンブランのように絞って飾り付けました。パンケーキを土台にシンプルに飾って紫いもの個性的な色合いを目立たせます。その分、パンケーキの下は、スイートポテトスティックを支えにして空間を作り、グラスの側面に流したシロップの模様を見せて不思議感を出しました。

パフェグラス(直径8.5cm、高さ16cm)

［材料］

紫いもクリーム※…10g
薩摩芋みつ◎…1g
ホイップクリーム…17g
スイートポテトスティック…4本位
ミニパンケーキ◎…1枚
バニラアイスクリーム◎…1個(#18)
紫いもクリーム…36g
ホイップクリーム…3g
くこの実…3個
粉砂糖…適量

※紫いもクリーム
材料(できあがり量90g)
紫さつまいもフレーク…25g
水…60ml
生クリーム(35%)…大さじ1
作り方
❶ボウルに材料を入れ、混ぜる。

◎ミニパンケーキ(日清フーズ)
◎薩摩芋みつ(「あめんどろ」農業法人 唐芋農場)
◎バニラアイスクリーム(森永乳業)

［作り方］

❶グラスに、紫いもクリームをモンブラン口金に入れた絞り袋で絞り、薩摩芋みつをグラスの縁にあてながら入れ、ホイップクリームを絞る。

❷スイートポテトスティックを入れ、パンケーキでフタをする。

❸バニラアイスクリームをのせ、モンブラン口金にセットした紫いもクリームを絞り、ホイップクリーム・くこの実で飾り、粉砂糖をかける。

Point

●グラスの中に空間を作って、見た目の楽しさに。
●紫いもの色の特徴を目立たせる盛り付け方で。

紫いもアーモンドミルクパフェ

紫いもアーモンドミルクプリンパフェ

紫いもとアーモンドミルクで作るプリンと、さつまいものレモン煮を主役にしたパフェです。さつまいもをメインにすると地味になりがちなので、砂糖菓子やチョコレート菓子で飾って、にぎやかさをプラスしましょう。

パフェグラス(直径9.5cm、高さ13cm)

[材料]

紫いもアーモンドミルクプリン※…1個
マロンアイスクリーム◎…1個(#18)
ホイップクリーム…30g
さつまいもレモン煮…6カット(60g)
巻きチョコ…2本
木の子グラス…2個
チャービル…1トッピング
薩摩芋みつ…2g

※紫いもフレークの作り方は119ページ。

※紫いもアーモンドミルクプリン
材料(できあがり量200g)
アーモンドミルク◎…100ml
生クリーム(35%)…70ml
グラニュー糖…15g
紫いもフレーク※…10g
板ゼラチン…2g
ホワイトラム…2g
作り方
❶鍋にアーモンドミルクを入れ、温め、ふやかしたゼラチンを溶かす。
❷ボウルに、グラニュー糖・紫いもフレークを入れ混ぜ、1を入れ混ぜる。
❸ふやかしたゼラチンを加え溶かし、ボウルにこし入れ、氷水にあて、生クリームを入れ、やさしく混ぜる。
❹パフェグラスに80g位流し入れ、冷やし固める。

◎マロンアイスクリーム(森永乳業)
◎アーモンドミルク(筑波乳業)

[作り方]

❶紫いもアーモンドミルクプリンをグラスで固めたものに、右にマロンアイスクリーム・左にホイップクリームをのせる。
❷さつまいもレモン煮・巻きチョコ・木の子グラス・チャービルで飾り、薩摩芋みつをかける。

Point

● さつまいものプリン、さつまいものレモン煮、さつまいもの蜜で、さつまいもづくしに。
● 木の子の砂糖菓子を飾って、かわいらしいポイントづくり。

かき氷

for Professional

氷の知識から売れる店づくり
人気店のレシピとバリエーション

夏場には行列、いまや冬にも売れる「かき氷」。
かき氷メニュー開発のすべてを網羅した専門書

かき氷

for Professional

旭屋出版編集部・編
定価：本体3,000円＋税
A4変形判
オールカラー180ページ

かき氷の技術と経営

▥ かき氷の「氷」について

▥ かき氷店を100年続けるために
　監修／『埜庵』店主・
　　かき氷文化史研究家
　　石附浩太郎

▥ かき氷の「シロップ」
　監修／IGCC代表　根岸 清

人気店のかき氷レシピ

◉ 掲載店

Adito ／ Café Lumière ／ komae café ／ BW カフェ ／ Dolchemente
吾妻茶寮／あんどりゅ。／kotikaze ／かき氷 六花

行列店のかき氷バリエーション

◉ 掲載店

Cafe&Diningbar 珈茶話 Kashiwa ／氷舎 mamatoko
KAKIGORI CAFE&BAR yelo ／和 Kitchen かんな／氷屋ぴぃす
二條若狭屋 寺町店／べつばら／kakigori ほうせき箱
おいしい氷屋 天神南店

お申し込みは、
お近くの書店または旭屋出版へ

旭屋出版　販売部(直通)TEL03-5369-6423
http://www.asahiya-jp.com
東京都新宿区愛住町23番地2　ベルックス新宿ビルⅡ6階

和風パフェ

フレッシュいちごに合わせて、アイスクリームはストロベリーアイス、
デザートソースはいちごソースにして、いちごづくしに。いちごも、
カッティングして飾ると動きが出るのと、食感の違いも出せます。

- ◉たい焼きパフェ
- ◉ほうじ茶プリンアラモード
- ◉桜餅パフェ
- ◉三色団子パフェ

たい焼きパフェ

3種類のフレーバーゼリーを重ねて土台にし、上にプチたい焼きを飾りました。たい焼きの存在感が出るように2尾を横に並べて飾り付け。プチたい焼きは、あんこ入りとカスタードクリーム入りの2種類を飾りました。

パフェグラス（直径10cm、高さ14.5cm）

［材料］

モナジュエル ブルー◎…40g
白玉小町◎…1個
モナジュエル モヒートグリーン◎…50g
白玉小町◎…1個
モナジュエル シャンパンゴールド◎
　…70g
白玉小町◎…1個
ホイップクリーム…30g
バニラアイスクリーム◎…1個（#18）
ホイップクリーム…19g
ふんわりカスタード風プチたい焼き◎
　…1個
北海道小豆のプチたい焼き◎…1個
枝付きチェリー…1個
マロンスプレット◎…5g×2
金粉…適量
ミント（大きめ）…1トッピング

◎モナジュエル（フレーバーゼリー／丸源飲料工業）
◎ふんわりカスタード風プチたい焼き（冷凍たい焼き／タヌマ）
◎北海道小豆のプチたい焼き（冷凍たい焼き／タヌマ）
◎白玉小町（冷凍白玉／タヌマ）
◎マロンスプレット（エスビー食品）
◎バニラアイスクリーム（森永乳業）

［作り方］

❶グラスに、モナジュエル ブルー・白玉小町・モナジュエル モヒートグリーン・白玉小町・モナジュエル シャンパンゴールドの順に入れる。

❷ホイップクリームをフタをするように絞り、バニラアイスクリームを中央にのせ、ホイップクリームを奥に絞る。

❸バニラアイスクリームの上に枝付きチェリーをのせ、プチたい焼きを左右に置き、手前にマロンペーストを星型の口金にセットした絞り袋で絞る。

❹金粉・ミントを飾る。

●たい焼き2個は、別々の味にして飽きさせない。
●たい焼き2個を上に飾るので、下のグラスの中は軽い味わいに。

ほうじ茶プリンアラモード

人気が高まっているほうじ茶を使って、寒天、プリンを作り、ほうじ茶アイスクリームも合わせてパフェにしました。味のアクセントには、ほうじ茶に生姜シロップを合わせたほうじ茶ジンジャーシロップをグラスの下に。ほうじ茶生姜シロップは別添えにして、プリンやアイスクリームとにかけてもらい、独特の香味との取り合わせを楽しんでもらいながら食べ進んでもらうようにしました。

パフェグラス(直径10cm、高さ15cm)

[材料]

ほうじ茶ジンジャーシロップ※…3g
ほうじ茶寒天※…40g
バニラアイスクリーム◎…1個(#22)
ラズベリーソース…4g
ホイップクリーム…22g
ほうじ茶アイスクリーム◎…1個(#18)
ほうじ茶プリン※…1個
ホイップクリーム…25g
ラズベリー…3粒
ラズベリーソース※…1g
ミント…1トッピング
ほうじ茶ジンジャーシロップ
　(別添え用)…20ml

※ラズベリーソースの作り方は093ページ。

※ほうじ茶ジンジャーシロップ
材料(できあがり量33g)
熱湯…125ml
ほうじ茶(金木犀入り)…5g
グラニュー糖…20g
わつなぎ 生姜シロップ◎…2g
作り方
❶鍋に、熱湯・ほうじ茶を入れ、火にかけ5分位煮る。
❷鍋にこし入れ、グラニュー糖・わつなぎ 生姜シロップを入れ、煮詰める。

※ほうじ茶寒天
材料(できあがり238g)
ほうじ茶(金木犀入り)…6g
熱湯…225ml
粉寒天…1g
水…50ml
作り方
❶湯通ししたポットに、茶葉を入れ熱湯を注ぎ5分位蒸らし、こす。
❷鍋に粉寒天・水を入れ、火にかけ、沸騰したら弱火にし、1分煮て、1を加え2分煮る。
❸容器に流し入れ、冷蔵庫で冷やし固める。

※ほうじ茶プリン
材料(直径5.5cm高さ5cmアルミプリンカップ5個分)
キャラメルソース
　上白糖…40g
　ぬるま湯…小さじ1+小さじ1
牛乳…350ml
ほうじ茶茶葉(金木犀入り)…10g
卵(L)…2個
卵黄…1個分
グラニュー糖…60g

作り方
❶鍋に上白糖・ぬるま湯小さじ1を入れ、火にかけ、カラメル色になったらぬるま湯小さじ1を入れ、すぐにアルミカップに流し入れる。
❷鍋に、牛乳・ほうじ茶を入れ、沸騰したら2分位蒸らし、計量カップにこす。(できあがり300ml)
❸ボウルに、卵。卵黄・グラニュー糖を入れ泡立て器で混ぜ、2を入れ、混ぜる。
❹もう一度こし、カップに90gずつ流し入れ、天板に並べ湯を1cm位注ぎ、150度のオーブンで25分焼成。(真ん中を指で触った時に、かすかに弾力を感じたらできあがり。)オーブンから出し、そのまま10分おく。

◎わつなぎ 生姜シロップ(和のプレミアムシロップ/サントリーフーズ)
◎ほうじ茶アイスクリーム(森永乳業)
◎バニラアイスクリーム(森永乳業)

[作り方]

❶グラスに、ほうじ茶ジンジャーシロップ・ほうじ茶寒天・バニラアイスクリームの順に入れる。

❷ラズベリーソースをバニラアイスクリームのまわりにかけ、ホイップクリームをフタをするように絞る。

❸ほうじ茶アイスクリームをアイスクリームディッシャーでぬいた際に右側を少々平らにした状態のものを右側にのせ、左側にはほうじ茶プリンをのせる。

❹ホイップクリームをほうじ茶アイスクリームの絞り、ラズベリーを飾り、ラズベリーソースをラズベリーの上にかけ、ミントをのせる。ピッチャーにほうじ茶ジンジャーシロップを20ml入れ添える。

●特製シロップを別添えで追加できるという魅力も。

●ほうじ茶のプリンと寒天、アイスクリームとシロップでバラエティ感を高める。

127

桜餅パフェ

桜餅をそのまま1個、飾りに使いました。桜餅に合わせて、グラスの中は桜フレーバーのソース、桜フレーバーのゼリー。飾りには桜あん、そして抹茶アイスクリームと抹茶パウダーをかけたサブレ、フリーズドライ桜花を。途中の口直しとして、白玉と玄米グラノラを入れました。

パフェグラス(直径9cm、高さ15cm)

[材料]

Wサクラソース◎…5g
桜ダイスカットゼリー◎…63g(2杯)
ホイップクリーム…17g
玄米グラノラ◎…6g
白玉◎…5個30g
ホイップクリーム…1個(#20)
抹茶アイスクリーム◎…23g
桜あん◎…1花
フリーズドライ桜花ホール◎…1個
桜餅◎…1個
サブレ…2枚
抹茶パウダー◎…適量
粉砂糖…適量
玄米グラノラ◎…5g

◎Wサクラソース(デザートソース/山眞産業)
◎桜ダイスカットゼリー(桜風味のゼリー/山眞産業)
◎フリーズドライ桜花ホール(乾燥食品/山眞産業)
◎桜あん(山眞産業)
◎玄米グラノラ(ケロッグ)
◎白玉(タヌマ)
◎抹茶アイスクリーム(タヌマ)
◎桜餅(タヌマ)
◎抹茶パウダー(タヌマ)

[作り方]

❶グラスに、Wサクラソース・桜ダイスカットゼリーの順に入れる。

❷ホイップクリームを絞り、玄米グラノラを散らし、グラスのまわりに白玉を並べる。

❸ホイップクリームでフタをするように絞り、左奥に抹茶アイスクリームをのせ、その上に小田巻に入れた桜あんを絞り、フリーズドライ桜花ホールをのせる。

❹桜餅を手前にのせ、サブレに抹茶パウダーと粉砂糖をふりかけてものを右奥に飾り、玄米グラノラを散らす。

●桜餅を一番目立つところに飾ってデコレーション。

●既製品のサブレも、粉砂糖や抹茶パウダーをまぶすことでオリジナル化を。

三色団子パフェ

三色団子パフェ

串に刺した三色団子を立てて飾り、立体感を高めます。三色団子の色に合わせて、抹茶のアイスクリーム、ホイップクリーム、桜シロップを混ぜて作る桜ホイップクリームを飾り、最中も添えました。最中の中は白あんだけでなく、りんごジャムも入れ、先入観を破る"遊び"もプラスしました。

パフェグラス（直径9cm、高さ15cm）

［材料］

Wサクラソース◎…10g
バニラアイスクリーム◎…1個(#22)
ホイップクリーム…14g
抹茶スポンジ…16g
抹茶アイスクリーム◎…1個(#18)
桜ホイップ◎…24g
最中（りんご型）◎…1個
白あん…15g
りんごジャム※…8g
三色串団子◎…1本
ホイップクリーム…10g
桜ホイップ◎…8g
ミントの葉…1枚
Wサクラクランチ◎…ふたつまみ
Wサクラソース◎…2g
桜花塩漬シートの花◎…1花

※りんごジャム
材料（できあがり量250g）
りんご（紅玉）…340g
ブルコレモン…10g
水（りんごの20%）…68g
りんごの皮（全体の約1/10量）…40g
グラニュー糖（りんごの約18%）…61g
作り方
❶りんごは、皮をむいていちょう切りにする。
❷鍋に、1のりんご・ブルコレモン・水を入れて中火に火をかける。
❸リンゴの皮を加え、フタをする。フタの隙間から蒸気が上がってきたら、火を弱め10分位煮る。
❹りんごがピンク色になったら、グラニュー糖を入れ、軽く混ぜ、2分位煮て、濃度がでればできあがり。皮は取り除く。

◎桜ホイップ（冷凍桜風味ホイップ／山眞産業）
◎W桜ソース（桜風味デザートソース／山眞産業）
◎Wサクラクランチ（桜の花と葉のフリーズドライ食品／山眞産業）
◎桜花塩漬シート（桜の花の塩漬け／山眞産業）
◎最中（りんご型／加賀種食品工業）
◎三色串団子（タヌマ）
◎抹茶アイスクリーム（タヌマ）
◎ブルコレモン（サントリーフーズ）

［作り方］

❶グラスに、Wサクラソース・バニラアイスクリームの順に入れる。

❷ホイップクリームを絞り、抹茶スポンジ・抹茶アイスクリームの順にのせ、桜ホイップをフタをするように絞る。

❸りんご型の最中に白あん・りんごジャムを詰め、左側にのせ、右側には、三色串団子をさす。

❹手前に桜ホイップ、奥にホイップクリームを絞り、桜ホイップには桜花塩漬シートの花とWサクラクランチを散らす。ホイップクリームには、Wサクラソースとミントの葉を飾る。

Point

●三色団子を串付きのまま飾って楽しさを演出。

●最中の中を2つの味にして、楽しい仕掛けに。

モンブランの技術

定番のものから、季節限定のものまで、35店の評判パティスリーが、大人気モンブランの材料と作り方を公開。マロンクリームの作り方、そのマロン材料を選んだ理由、クリームやメレンゲなどの組み立て、バランスの考え方を解説。モンブランのためのマロン製品ガイド付き。

■B5判 176ページ ■定価 3500円＋税

ISBN978-4-7511-1042-3

【本書に登場するお店】

アルカイク(埼玉・川口)	パティスリー ラクロワ(兵庫・伊丹)
アルカション(東京・練馬)	パティスリー ラ・ノブティック(東京・ときわ台)
イルフェジュール本店(神奈川・川崎)	パティスリー ルシェルシェ(大阪・南堀江)
カフェ ドゥ ジャルダン(東京・福生)	パティスリー ルリジューズ(東京・世田谷)
シェーカーズ カフェラウンジ＋(大阪・なんば)	パティスリー レザネフォール(東京・恵比寿)
シャルル・フレーデル(大阪・泉佐野)	パティスリー ロア レギューム(埼玉・朝霞)
デリチュース 箕面本店(大阪・箕面)	パーラー ローレル(東京・奥沢)
ドゥブルベ・ボレロ(滋賀・守山)	ヒロコーヒーいながわケーキ工房(兵庫・伊丹)
パティシエ ジュン ホンマ(東京・吉祥寺)	ブロンディール(埼玉・ふじみ野)
パティスリー アプラノス(埼玉・さいたま市)	ベリ亭(兵庫・芦屋)
パティスリー ヴォワザン(東京・杉並)	ボアール帝塚山本店(大阪・帝塚山)
パティスリー エチエンヌ(神奈川・川崎)	マテリエル(東京・大山)
パティスリー グラム(愛知・名古屋)	ル・パティシエ ヨコヤマ 京成大久保店(千葉・習志野)
パティスリー ジュン・ウジタ(東京・碑文谷)	ル ジャルダン ブルー(東京・乞田)
パティスリー ジラフ(富山・黒瀬北町)	ル・ミリュウ(神奈川・鎌倉)
パティスリー セークルトロワ(兵庫・神戸)	レ・クレアシオン・ドゥ・パティシエ・シブイ(東京・田園調布)
パティスリー モンプリュ(兵庫・神戸)	レトルダムール グランメゾン白金(東京・白金台)
パティスリー ラヴィルリエ(大阪・山崎)	

旭屋出版　〒160-0005 東京都新宿区愛住町23番地2 ベルックス新宿ビルⅡ 6階
販売部(直通)☎03-5369-6423 https://www.asahiya-jp.com

★お求めは、お近くの書店または左記窓口、旭屋出版WEBサイトへ。

ケーキパフェ

スポンジケーキ、ロールケーキ、ワッフル、マフィン、ゼリーなど、
それ単品でも商品力があるスイーツをデコレーションに組み入れるこ
とで、パフェの魅力を増幅させることができます。

◉ スイートポテトパフェ

◉ デラウエアパフェ

◉ 抹茶のガトーショコラパフェ

◉ ローズパフェ

◉ マンゴーロールケーキパフェ

◉ タピオカコーヒーミルクパフェ

◉ 黒糖ワッフル＆コーヒークリームパフェ

◉ 黒糖ワッフル＆コーヒークリームパフェ（プレート）

◉ ゆずワッフル＆フルーツパフェ

◉ ゆずワッフル＆フルーツパフェ（プレート）

スイートポテトパフェ

スイートポテトパフェ

皮付きのさつまいもを型にして作ったスイートポテトをダイナミックに立てて飾ったパフェに。栗甘露煮とマロンアイスクリームを合わせて秋らしいパフェにしました。スイートポテトとの相性を考え、薩摩芋みつをデザートソースとして使い、食感のアクセントにピスタチオを散らします。

パフェグラス(直径12cm、高さ13.5cm)

[材料]

薩摩芋みつ…◎3g
バニラアイスクリーム◎…1個(#18)
ホイップクリーム…40g
マロンアイスクリーム◎…1個(#18)
ホイップクリーム…20g
ホイップクリーム…15g×2
マロン入りスイートポテト※…2カット
栗甘露煮…1個分
ピスタチオ…2つまみ
薩摩芋みつ◎…3g
チャービル…1トッピング

※マロン入りスイートポテト
材料
さつまいも(直径5cm長さ23cm位)…1本(432g)
卵黄…1個
上白糖…20g
生クリーム(35%)…50ml
バター(無塩)…15g
マロンスプレット◎…40g
ぬり玉
　卵黄…1/2個分
　みりん…少々
作り方
❶さつまいもは、アルミホイルで包んで230度のオーブンで1時間位焼成。串がすーと通る位になったら、半分に切って、皮から1cm位実を残してスプーンでこそげとる。
❷さつまいもが熱いうちに卵黄・上白糖・バター・生クリームの順に入れ混ぜ、皮に再び詰める。
❸卵黄とみりんを混ぜたぬり玉をハケでぬり、200度のオーブンで20〜25分焼成。

◎薩摩芋みつ(「あめんどろ」農業法人　唐芋農場)
◎マロンアイスクリーム(森永乳業)
◎バニラアイスクリーム(森永乳業)

[作り方]

❶グラスに、薩摩芋みつを入れグラスを回す。

❷バニラアイスクリームをのせ、ホイップクリームをアイスクリームの上に絞る。

❸手前にマロンアイスクリームをのせ、左右と奥にホイップクリームを絞る。

❹マロン入りスイートポテト・縦半分にカットした栗甘露煮を飾る。

❺薩摩芋みつをかけ、砕いたピスタチオとチャービルを飾る。

Point

● スイートポテトに蜜をかけて、艶やかにして飾る。

● スイートポテトはボリュームがあるので、全体に重くなり過ぎないようにする。

デラウエアパフェ

デラウエアパフェ

ぶどうは、甘味のしっかりしたフルーツなので、コクのあるデザートであるパンナコッタとマリカルポーネアイスクリームと合わせました。マスカルポーネと相性のいいスコーンも2個のせ、軽食的にも味わえる魅力をプラスしました。

パフェグラス(直径11cm、高さ12cm)

［材料］

ぶどうソース※…10g
パンナコッタ※…120g(10カット)
マスカルポーネアイスクリーム◎
　…1個(#20)
ホイップクリーム…30g
スコーン※…2個
ぶどうソース※…30g
チャービル…3トッピング
枝付きデラウエア…3粒位

※ぶどうソース
材料(できあがり量75g)
デラウエア…小1房(110g)
グラニュー糖…16g
作り方
❶皮付きのまま耐熱容器に入れ、電子レンジに2分、
　次に軽くかき混ぜて1分かける。
❷冷めてから皮をとり、冷蔵庫で保存。

※スコーン
材料(直径5cm 10個分)
薄力粉…188g
ベーキングパウダー…8g
グラニュー糖…20g
塩…少々
牛乳…30ml
生クリーム(35%)…30ml
卵(L)…1/2個分
バター(無塩)…55g
作り方
❶ボウルに、粉類・塩をふるい入れ、サイコロ状にカットし冷えたバターを入れ、指でバターをつぶし粉となじませる。
❷溶いた卵を入れ混ぜ、牛乳・生クリームを入れ混ぜる。
❸ひとかたまりにし、ラップして冷蔵庫に30分以上休ませる。
❹1.5cm厚に伸ばし、型で抜き、オーブンシートを敷いた天板に並べ、表面に牛乳をハケでぬり、180度のオーブンで15分位焼成。

※パンナコッタ
材料
生クリーム(35%)…200ml
グラニュー糖…30g
バニラビーンズペースト◎…4〜5g
板ゼラチン…5g
作り方
❶鍋に、生クリーム・グラニュー糖・バニラビーンズペーストを入れ、沸騰させないように温める。
❷ふやかしたゼラチンを入れ溶かす。
❸容器にこし入れ、冷蔵庫で冷やし固める。
❹サイコロ状にカットする。

◎マスカルポーネアイスクリーム(森永乳業)
◎バニラビーンズペースト(サンデン商事)

［作り方］

❶パフェグラスに、ぶどうソースを入れ、グラスをまわす。

❷パンナコッタを入れ、マスカルポーネアイスクリームをのせる。

❸ホイップクリームを山高く絞り、左右にスコーンをのせる。

❹ぶどうソースをかけ、チャービル・枝付きデラウエアを飾る。

Point

● スコーンに塗って食べてもらえるよう、ホイップクリームのところにスコーンを飾る。

● スコーンと相性のいいアイスとムースを合わせる。

137

抹茶のガトーショコラパフェ

抹茶のガトーショコラパフェ

抹茶のガトーショコラを1カット、どんとのせてパフェに。抹茶ガトーショコラは皿に取って、食べてもらうもよし、一緒に食べるもよし、ダブルの魅力のあるパフェに。下のパフェは「別腹」というイメージで、抹茶ガトーショコラとは大きく味わいを変え、ブルーハワイパイナップルゼリーとラムネシャーベットの構成にしました。

パフェグラス(直径8.4cm、高さ17cm)

[材料]

ブルーハワイパイナップルゼリー◎…60g
ホイップクリーム…20g
ラムネシャーベット◎…1個(#18)
チョコレートソース…3g
マカデミアナッツ◎…3個
アーモンド…3個
ホイップクリーム…29g
ラムネシャーベット◎…1個(#18)
ホイップクリーム…24g
抹茶ガトーショコラ※…1/8切れ
抹茶パウダー◎…適量
粉砂糖…適量
ホイップクリーム…15g
チョコレートスティック(ミルク)◎…1本
チョコレートスティック(ラテ)◎…1本
ミント…1トッピング

※抹茶ガトーショコラ
材料(直径15cm 1台分350g)
バター(無塩)(室温)…40g
グラニュー糖…20g
卵黄…2個分
ホワイトチョコレート…60g
牛乳…15ml
薄力粉…40g
ベーキングパウダー…1g
抹茶パウダー…8g
卵白(L)…2個分
グラニュー糖…40g
黒豆煮…40g

作り方
❶ボウルに、室温に戻したバター・グラニュー糖を入れすり混ぜる。
❷卵黄を1個ずつ入れ混ぜ、湯煎したホワイトチョコレートと牛乳を加え混ぜる。
❸ボウルに卵白・グラニュー糖を入れ泡立て、メレンゲを作る。
❹ふるった粉類を2回に分けてに加え、さっくり混ぜ、黒豆煮と3のメレンゲも2回に分けて加え混ぜる。
❺敷紙を敷いた型に流し入れ、160度のオーブンで40分位焼成。完全に冷めたら紙をはずす。

◎ブルーハワイパイナップルゼリー(カットゼリー／タヌマ)
◎ラムネシャーベット(森永乳業)
◎マカデミアナッツ(ニダフジャパン)
◎抹茶パウダー(タヌマ)

[作り方]

❶グラスに、ブルーハワイパイナップルゼリーを入れ、ホイップクリームを絞る。

❷ラムネシャーベット・チョコレートソース・マカデミアナッツ、アーモンドの順にのせ、ホイップクリームを絞る。

❸ラムネシャーベットを中央にのせ、ホイップクリームでフタをするように絞る。さらに右奥にホイップクリームを絞り、手前に抹茶ガトーショコラを置き、抹茶パウダーと粉砂糖をふる。

❹スティックチョコ2本とミントで飾る。

Point

● ガトーショコラを目立たせる飾り方を。

● ガトーショコラでボリュームが出るので、さっぱりしたシャーベットとゼリーでバランスを取る。

● ガトーショコラも、黒豆煮入りにして個性を出す。

ローズパフェ

ローズパフェ

バラの花びら型で焼いたマフィンを2つ飾った、マフィンが主役のパフェです。マフィンには、1つは粉砂糖をかけ、1つにはストロベリーパウダーと乾燥のバラの花パウダーを混ぜたものをかけて、白と赤のバラに見立てて存在感を高めます。マフィンとの相性を考え、ジューシーなオレンジの果肉とともに盛り合わせました。

パフェグラス（直径9.5cm、高さ15cm）

［材料］

オレンジソース…20g
ゆずシャーベット◎…1個（#18）
ヨーグルトゼリー◎…70g
ホイップクリーム…30g
ピスタチオアイスクリーム…1個（#18）
ローズマフィン※…2個
粉砂糖…適量
ストロベリーパウダー◎…適量
乾燥バラの花パウダー◎…適量
オレンジ…4房
オレンジの皮（長さ14cm、幅0.3mm）…2本
チャービル…1トッピング

※ローズマフィン
材料（ローズ型12個分）
薄力粉…90g
強力粉…90g
ベーキングパウダー…6g
きび砂糖…50g
卵（L）…1個
ボンソイ◎…卵と合わせて160gにする
マカデミアナッツオイル◎…40g
バラの花びらペースト◎…50g
作り方
❶ボウルに、卵・きび砂糖を入れすり混ぜる。
❷マカデミアナッツオイルを入れ混ぜ、ボンソイ・バラの花びらペーストを入れ混ぜる。
❸ふるった粉類を一気に入れ、切るように混ぜる。
❹ローズ型に38〜40gずつ入れ、190度のオーブンで25〜30分焼成。

◎ヨーグルトゼリー（カットゼリー／タヌマ）
◎ストロベリーパウダー（フリーズドライ食品／山眞産業）
◎乾燥バラの花パウダー（フリーズドライ食品／山眞産業）
◎バラの花びらペースト（冷凍加糖ペースト／山眞産業）
◎ボンソイ（豆乳飲料／マルサンアイ）
◎マカデミアナッツオイル（ニダフジャパン）
◎ゆずシャーベット（森永乳業）

［作り方］

❶グラスに、オレンジソース・ゆずシャーベット・ヨーグルトゼリーを穴あきレードル2杯の順に入れる。

❷ホイップクリームでフタをするように絞り、右奥にピスタチオアイスクリームをのせる。

❸ローズマフィンに、粉砂糖をかけてものとストロベリーパウダーと乾燥バラの花パウダーをまぜたものをかけたものを手前に並べる。

❹皮をむき、1房ずつにしたオレンジとオレンジの皮を結んだものを飾る。

❺チャービルをトッピングする。

● 主役のマフィンは、彩りよくして飾る。

● バラ型で焼くマフィンに合わせて、香りでもデコレーションを。

● オレンジのカッティング法は032ページに。

マンゴー＆ロールケーキパフェ

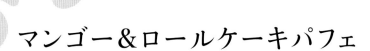

マンゴー＆ロールケーキパフェ

細めのロールケーキ（冷凍ケーキ）を2カットのせて、おまけの魅力を高めたパフェです。フルーツは冷凍カットフルーツを合わせて原価調整と、通年で定期用できるようにしました。ロールケーキのクリームの味に合わせて冷凍フルーツを変えて、いろいろアレンジもできます。

パフェグラス（直径11cm、高さ14cm）

[材料]

冷凍キウイダイスカット◎…10g
バニラアイスクリーム◎…1個(#18)
マンゴー＆オレンジ※…110g
ホイップクリーム…
マンゴーシャーベット◎…1個(#18)
ホイップクリーム…30g
細巻ロールケーキ（藻塩バニラ）◎
　…2カット
マンゴー＆オレンジ※…45g
チャービル…6枚
粉砂糖…適量

※マンゴー＆オレンジ
材料
冷凍マンゴーチャンク◎…38g(6ケ)
冷凍オレンジセグメントチャンク◎…70g(6ケ)
冷凍マンゴーチャンク◎…50g
作り方
❶冷凍マンゴーチャンク50gを解凍し、ミキサーでピューレ状にする。（解凍してからだととろみが増したソースができあがる。）
❷冷凍オレンジと冷凍マンゴーと合わせておく。

◎冷凍マンゴーチャンク（冷凍カットフルーツ／丸源飲料工業）
◎冷凍オレンジセグメントチャンク（冷凍カットフルーツ／丸源飲料工業）
◎細巻ロールケーキ・藻塩バニラ（冷凍カット済ロールケーキ／日東ベスト）
◎冷凍キウイダイスカット（丸源飲料工業）
◎バニラアイスクリーム（森永乳業）
◎マンゴーシャーベット（森永乳業）

[作り方]

❶グラスに、ダイスカットのキウイ・バニラアイスクリーム・マンゴー＆オレンジ（マンゴー5個・オレンジ5個）の順に盛る。

❷ホイップクリームをフタをするように絞る。

❸左に、マンゴーアイスクリームをのせ、右奥にホイップクリームを絞り、右にロールケーキをずらして飾る。

❹手前と左奥にマンゴー＆オレンジを飾る。

❺チャービルを散らすように飾る。

Point

●合わせるロールケーキのソースにもなるよう、フルーツはソースと和えたものを組み合わせる。

●ロールケーキと合わせるフルーツで季節感もアピールできるようにする。

タピオカコーヒーミルクパフェ

カフェオレムースを作った上に、コーヒーゼリーを重ねて冷やし固めました。このままでデザートメニューになりますが、グラスの上にワッフルをのせ、その上にチーズホイップクリーム、ラズベリー、タピオカを飾ってパフェにしました。ワッフルの代わりにパンケーキにしたり、スポンジケーキにしたり、応用できます。

グラス皿（23cm、10cm、高さ3.5cm）

[材料]

カフェオレムース
　アイスコーヒー…35ml
　アーモンドミルク◎…25ml
　生クリーム（35%）…50ml
　グラニュー糖…15g
　板ゼラチン…4g
コーヒーゼリー（できあがり量110g）
　アイスコーヒー…100ml
　板ゼラチン…4g
小豆入黒糖タピオカ◎…5個
ラズベリー…1粒
チーズホイップクリーム※…9g
ミント…1枚
ハートワッフル…1枚
小豆入黒糖タピオカ…3個
ラズベリー…1粒
チーズホイップクリーム…4g
ピンクソルト…適量
ミント…1トッピング

※チーズホイップクリーム
材料（できあがり量65g位）
クリームチーズ…25g
グラニュー糖…10g
ヨーグルト…12g
生クリーム（35%）…25g
作り方
❶すべての材料をボウルに入れ、泡立てる。

◎アーモンドミルク（筑波乳業）
◎小豆入黒糖タピオカ（光商）

[作り方]

❶カフェオレムースを作る。
　ボウルに生クリーム・グラニュー糖を入れ、七分立てに泡立て冷蔵庫へ入れておく。鍋に、アイスコーヒー・アーモンドミルクを入れ温め、ふやかしたゼラチンを入れ、溶かす。氷水にあて、粗熱をとり、七分立てに泡立てたホイップクリームを入れ、やさしく混ぜ、グラスに100g流し入れ、冷蔵庫で冷やし固める。

❷コーヒーゼリーを作る。
　鍋に、アイスコーヒーを入れ温め、ふやかしたゼラチンを入れ、溶かし漉し、氷水にあて粗熱がとれたら、カフェオレムースを冷やし固めたグラスに静かに注ぎ、冷蔵庫で冷やし固める。

❸小豆入黒糖タピオカ・ラズベリー・チーズホイップクリーム・ピンクソルト・ミントを飾る。

❹ハートワッフルの上に、小豆入黒糖タピオカ・ラズベリー・チーズホイップクリーム・ピンクソルト・ミントを飾り、グラスの上にのせる。

145

黒糖ワッフル＆
コーヒークリームパフェ

コーヒー風味のパフェは、カフェらしいメニューになります。ソフトクリームとワッフルとバナナで、高さと広がりのある盛り付けにしました。ワッフルは、黒糖シロップで風味付けし、好みで黒糖シロップをかけてもらえるように別添えに。ソフトクリームの上には深煎りコーヒー豆の粉をかけて、コーヒー風味を強調しました。

パフェグラス(直径8.5cm、高さ17cm)

［材料］

わつなぎ黒糖シロップ◎…3g
黒糖ワッフル(直径11cm位)※
　…1/2枚分(30g)
コーヒークリーム…20g
バナナ…輪切り6切れ(27g)
黒糖ワッフル※…一口大カット2切(10g)
ソフトクリーム◎…138g
黒糖ワッフル(直径11cm位)※…1枚
皮付きバナナ…1/3本位
コーヒークリーム…8g＋7g
アイスコーヒー粉…ひとつまみ
粉砂糖…適量
レモンバーム…1トッピング
わつなぎ黒糖シロップ◎…20g

※黒糖ワッフル
材料(10枚分)
ベルギーワッフルミックス◎…200g
アーモンドミルク◎…120ml
卵…50g
バター(無塩)…40g
わつなぎ黒糖シロップ◎…20g
作り方
❶全ての材料を混ぜる。
❷14番ディッシャーですくい、ワッフルマシンで2分焼成。

※コーヒークリーム
材料
アイスコーヒー(濃いめ)またはエスプレッソ…10g
生クリーム(35%)…100ml
グラニュー糖…14g
作り方
❶全ての材料を混ぜる。

◎わつなぎ 黒糖シロップ(和のプレミアムシロップ／サントリーフーズ)
◎アーモンドミルク(筑波乳業)
◎ソフトクリーム(日世)
◎ベルギーワッフルミックス(日清フーズ)

［作り方］

❶グラスに、黒糖シロップを入れる。

❷ワッフル1/2枚を4等分にし、入れる。

❸コーヒークリームを絞り、5mm厚の輪切りのバナナを断面をグラスに向けて並べる。

❹ソフトクリームをのせ、ワッフル・皮付きバナナを飾り、コーヒーホイップを絞り、その上にアイスコーヒー粉を散らし、粉砂糖・レモンバームで飾る。

❺黒糖シロップを添える。

Point

●グラス盛りでは、ワッフルを立てて高さのある飾り付けに。

●黒糖ワッフルに、黒糖シロップを合わせて統一感を。

●シロップを別添えして食べ方・楽しみ方を広げる。

147

黒糖ワッフル＆コーヒークリームパフェ（プレート）

黒糖ワッフル＆
コーヒークリームパフェ（プレート）

146ページのパフェグラスに盛り付けたパフェをプレート盛りにしたバリエーションです。ワッフルはソフトクリームの土台にし、1つはソフトクリームに立てかけて、立体感のある盛り付けに。ソフトクリームは、パフェグラスの盛り付けのとき同様に、表面の溶けた具合がわかりずらいので、丸口で絞り出しました。

楕円皿（24cm×17.5cm）

［材料］

黒糖ワッフル（直径11cm位）※…1枚
バナナ…輪切り3切れ
コーヒークリーム…28g
ソフトクリーム◎…140g
ワッフル（直径11cm位）…1枚
皮付きバナナ…1/3本分位
コーヒー粉…ひとつまみ
粉砂糖…適量
レモンバーム…3枚
わつなぎ黒糖シロップ…20g

※黒糖ワッフル
材料（5〜6枚分）
ベルギーワッフルミックス◎…200g
アーモンドミルク◎…120ml
卵…50g
バター（無塩）…40g
わつなぎ黒糖シロップ◎…20g
作り方
❶全ての材料を混ぜる。
❷14番ディッシャーで生地をすくい、ワッフルマシンで2分焼成。

◎わつなぎ 黒糖シロップ（和のプレミアムシロップ／サントリーフーズ）
◎アーモンドミルク（筑波乳業）
◎ソフトクリーム（日世）
◎ベルギーワッフルミックス（日清フーズ）

［作り方］

❶ワッフルを皿の左側に置き、コーヒークリームを絞り、その上に丸口でソフトクリームを巻きとる。

❷ワッフルを後ろに立てかけ、厚さ1cmの輪切りにしたバナナ3切れと高さ8cm（4cm）の斜め切りにした皮付きバナナを飾り、コーヒー粉・粉砂糖・レモンバームで飾る。

❸黒糖シロップを添える。

Point

● ソフトクリームはコーヒー粉、ワッフルは粉砂糖で飾ってコントラストを表現。

● レモンバームで緑のアクセントづくり。

● バナナのカッティング法は031ページ。

ゆずワッフル＆フルーツパフェ

ワッフルは、飾りだけでなく、グラスの中にカットして入れて口直し的な役割もするように使います。グラスの中に入れるグレープフルーツに合わせ、同じ柑橘系のゆずのシップでワッフルは風味付けして相性を高めました。ソフトクリームは丸口で、押し込みながら高く絞り出しました。巻いて絞り出すより失敗が少ない絞り出し方です。

パフェグラス(直径8.5cm　高さ17cm)

[材料]

わつなぎゆずシロップ◎…3g
ミックスフルーツソース※…30g
グレープフルーツ…1/8切れ(26g)
ミックスフルーツソース※…50g
ホイップクリーム…27g
ゆずハートワッフル※…1枚分
ソフトクリーム◎…138g
マシュマロ(大)…2個分
ゆずハートワッフル※…1枚
クランベリー…1粒
ミント…1トッピング
ココナッツロング…ひとつまみ
粉砂糖…適量

※ゆずハートワッフル
材料(ハート型3枚分(15ハート))
ベルギーワッフルミックス◎…200g
アーモンドミルク◎…120ml
卵…50g
バター(無塩)…40g
わつなぎゆずシロップ◎…20g
作り方
❶全ての材料を混ぜる。
❷12番ディッシャーで生地を山盛りにすくい、ワッフルマシンで1分50秒、焼成。

※ミックスフルーツソース
材料(できあがり530g)
キウイ…輪切り3枚分
IQFマンゴーチャンク◎…270g
IQFゴールデンアップルパインチャンク◎…130g
フルーツデザートクリエイター◎…120g
作り方
❶輪切りにしたキウイは、さらに4等分にカットし、残りの材料とボウルに入れ、和え、冷蔵庫に入れておく。

◎わつなぎ ゆずシロップ(和のプレミアムシロップ／サントリーフーズ)
◎アーモンドミルク(筑波乳業)
◎IQFマンゴーチャンク(冷凍カットフルーツ／丸源飲料工業)
◎IQFゴールデンアップルパインチャンク(冷凍カットフルーツ／丸源飲料工業)
◎フルーツデザートクリエイター(デザートソース材料／丸源飲料工業)
◎ソフトクリーム(日世)
◎ベルギーワッフルミックス(日清フーズ)

[作り方]

❶グラスに、ゆずシロップを入れる。

❷ミックスフルーツソース・1/8切れをさらに4等分にカットしたグレープフルーツ・ミックスフルーツソースの順に入れ、ホイップクリームでフタをするように絞る。

❸ハート型ゆずワッフルを4等分にしたものを入れ、ソフトクリームをのせ、まわりにマシュマロを5等分にカットしたものを飾る。

❹ハートゆずワッフル・クランベリー・ミント・粉砂糖で飾る。

❺ゆずシロップを添える。

Point

●ワッフルをトップに飾って目立たせる。

●果実風味のワッフルにしてフルーツパフェとの相性を高める。

●軽い口当たりのパフェにするため、ソフトクリームをメインに。

ゆずワッフル＆フルーツパフェ（プレート）

152ページのパフェグラスに盛り付けたパフェを、プレートに盛り付けました。華やかさはパフェに大切な要素なので、マシュマロを花びらのように並べたり、グレープフルーツは皮を飾り切りにして並べます。プレート盛りのときも、パフェらしい立体感のある盛り付けが魅力を高めます。ソフトクリームを絞り、その上にワッフルを飾って高さを出しました。好みでシロップをかけてもらえるように、別添えにするのも楽しさになります。

皿（直径24cm）

[材料]

ゆずハートワッフル※…1枚
ホイップクリーム…14g
ソフトクリーム◎…140g
ミックスフルーツソース※…78g
グレープフルーツ…1/8切れ
ホイップクリーム※…17g
ゆずハートワッフル※…1枚
マシュマロ（大）…1個分
クランベリー…1粒
ミント…1トッピング
ココナッツロング…ひとつまみ
粉砂糖…適量
わつなぎゆずシロップ◎…20g

※ゆずハートワッフル
材料（ハート型3枚分（15ハート））
ベルギーワッフルミックス◎…200g
アーモンドミルク◎…120ml
卵…50g
バター（無塩）…40g
わつなぎゆずシロップ◎…20g
作り方
❶全ての材料を混ぜる。
❷12番ディッシャーで生地を山盛りにすくい、ワッフルマシンで1分50秒、焼成。

※ミックスフルーツソース
材料（できあがり530g位）
キウイ…輪切り3枚分
IQFマンゴーチャンク◎…270g
IQFゴールデンアップルパインチャンク◎…130g
フルーツデザートクリエイター◎…120g
作り方
❶輪切りにしたキウイは、さらに4等分にカットし、残りの材料とボウルに入れ、和え、冷蔵庫に入れておく。

◎わつなぎ ゆずシロップ（和のプレミアムシロップ／サントリーフーズ）
◎アーモンドミルク（筑波乳業）
◎IQFマンゴーチャンク（冷凍カットフルーツ／丸源飲料工業）
◎IQFゴールデンアップルパインチャンク（冷凍カットフルーツ／丸源飲料工業）
◎フルーツデザートクリエイター（デザートソース材料／丸源飲料工業）
◎ソフトクリーム（日世）
◎ベルギーワッフルミックス（日清フーズ）

[作り方]

❶皿に、ゆずハートワッフルを左奥に置き、ホイップクリーム・ソフトクリームをのせる。ソフトクリームは丸口で絞ると、星口で絞り出すより表面が溶けるのがわかりずらいので、パフェに向いている。

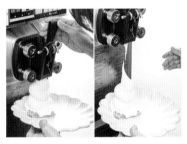

スリムタイプ
卓上ソフトフリーザー
機種 NA-9524AE

❷左手前に、ミックスフルーツソースを盛る。

❸右に、5等分にカットしたマシュマロを花びらのように並べ、中央にクランベリーをおく。

❹右奥に、ホイップクリームを絞り、切込みを入れた皮付きのグレープフルーツを飾る。

❺ソフトクリームの上に、ゆずハートワッフルをさし、ココナッツロング・粉砂糖・ミントをトッピングする。

❻ゆずシロップを添える。

Point

●皿の上の余白は、バランスよく。

●高低の違いを表現して、にぎやかさを出す。

●皿の上に、花の形やフルーツの飾り切りで華やかさを出す。

●グレープフルーツのカッティング法は033ページに。

ソフトクリームでスイーツメニューを もっと豪華に！もっと多彩に！

ソフトクリーム総合メーカーの日世なら、
お店の特長を生かしたご提案と
ワンストップのサービスが可能です。

ソフトクリーム商品を
総合的にご提案！

フリーザー
お店の規模や販売スタイルに合う
多様な機種をご用意！

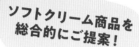

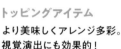

ソフトサーブミックス
素材にこだわった多彩な風味と舌ざわり。
フルーツ系や季節限定品も大人気！

コーン
フレーバーやメニューに合わせて
選べる豊富なバリエーション！

トッピングアイテム
より美味しくアレンジ多彩。
視覚演出にも効果的！

安心安全の トータルサポート！

フリーザーのメンテナンス
メンテナンスも安心。
急なトラブルにも迅速に対応！

オリジナルソフトクリーム
貴店オリジナルの
ソフトクリームも開発可能！

セールスプロモーション
集客に欠かせない
販促ツールもご用意！

フリーザーの導入
お店の状況やニーズに合った
フリーザーをご提案！

衛生管理
HACCPの考え方を取入れた
衛生管理計画作成をお手伝い！

プランニング
季節のパフェメニューや
旬のフルーツソフトをご提案！

アートパフェ

パフェグラスの表面はクリームで平らにし、そこにステンシルやラテアートペンで絵や文字を描いたり、キャラクターや動物の顔をクリームやフルーツで表現したりするのが、アートパフェです。「インスタ映え」を狙った魅力づくりの手法です。

◉ パンプキンパウダーアートパフェ

◉ 抹茶ミルキー＆ようかんのパウダーアートパフェ

◉ クリスマスツリーパフェ

◉ サンタパフェ

パンプキンパウダーアートパフェ（お絵かきパフェ）

パンプキンパウダーアートパフェ
（お絵かきパフェ）

ハロウィーン向けパフェをアートパフェのスタイルで作りました。かぼちゃづくしでは、くどいので、かぼちゃのアイスクリームにとどめました。バニラアイスクリームのまわりに絞るかぼちゃクリームは、かぼちゃフレークと水を合わせて作って甘くないクリームに仕立てています。表面はチーズホイップで覆い、カフェラテのラテアートに活用できる電子ラテアートペンでかぼちゃの絵を描いて仕上げました。

パフェグラス（直径8cm　高さ16.5cm）

［材料］

かぼちゃのアイスクリーム◎…1個（#18）
モナジュエル レモンブラック◎…150g
ホイップクリーム…29g
バニラアイスクリーム◎…1個（#18）
フルーツグラノラハーフ◎…10g
かぼちゃクリーム※…23g
チーズホイップ※…33g
アートペンパウダー◎
　トマトカラー…適量
　チョコカラー…適量
　グリーンティーカラー…適量

※かぼちゃクリーム
材料
かぼちゃフレーク◎…15g
水…30ml
作り方
❶ボウルに、かぼちゃフレーク・水を入れて混ぜる。絞り袋で出しやすい固さに水の量を調整する。

※チーズホイップ
材料（できあがり量130g位）
クリームチーズ…50g
グラニュー糖…20g
ヨーグルト…25g
生クリーム（35%）…50ml
作り方
❶室温に戻したクリームチーズ・グラニュー糖を混ぜ、さらに、生クリームを入れ、ホイップする。

◎モナジュエル（フレーバーゼリー/丸源飲料工業）
◎アートペンパウダー（販売・タヌマ/製造・伊那食品工業）
◎かぼちゃフレーク（佐呂間農協）
◎かぼちゃのアイスクリーム（森永乳業）
◎バニラアイスクリーム（森永乳業）
◎フルーツグラノラハーフ（ケロッグ）
◎抹茶アイスクリーム（森永乳業）
◎バニラアイスクリーム（森永乳業）

［作り方］

❶グラスに、かぼちゃのアイスクリーム・モナジュエルレモンブラックの順に入れる。

❷フタをするようにホイップクリームを絞り、バニラアイスクリームを盛る。

❸バニラアイスクリームのまわりに、フルーツグラノラハーフを散らす。

❹バニラアイスクリームの上に、かぼちゃクリームを絞り、チーズホイップでグラスを覆うようにのせる。

❺電子ラテアートペンで、お絵描きをする。

● ラテアートペンで、わかりやすい絵や文字を。

● グラスの側面から、「主役の味」が伝わるようにする。

157

抹茶ミルキー＆ようかんのパウダーアートパフェ

抹茶ミルキー＆ようかんの
パウダーアートパフェ

アートパフェのスタイルで和風パフェを作りました。グラスの下は抹茶シロップと抹茶アイスクリーム。その上には「とろける羊かん」という、既製品のジュレ状の羊かんを。抹茶グリーンティとクリームチーズと生クリームで作る抹茶ミルキーチーズホイップでグラスの表面を平らに多い、電子ラテアートペンで梅とウグイスを描き、黒豆を煮たものを飾りました。

パフェグラス（直径9.5cm　高さ15.5cm）

［材料］

わつなぎ抹茶シロップ◎…5g
抹茶アイスクリーム◎…1個（#18）
とろける羊かん◎…60g
ホイップクリーム…25g
バニラアイスクリーム◎…1個（#18）
玄米フレーク◎…8g
抹茶ミルキーチーズホイップ…55g
アートペンパウダー◎
　パンプキンカラー…適量
　チョコカラー…適量
　いちごミルクカラー…適量
黒豆…3粒
金粉…適量
わつなぎ抹茶シロップ◎…15g

※抹茶ミルキーチーズホイップ
材料（できあがり量160g位）
クリームチーズ…80g
宇治抹茶グリーンティ◎…3g
グラニュー糖…16g
コンデンスミルク…20g
生クリーム（35%）…70g
作り方
❶室温に戻したクリームチーズ・ふるった宇治抹茶グリーンティ・グラニュー糖を混ぜ合わせる。
❷コンデンスミルクを入れ、混ぜる。
❸八分立てに泡立てたホイップクリームを合わせる。

◎わつなぎ 抹茶シロップ（和のプレミアムシロップ／サントリーフーズ）
◎アートペンパウダー（販売・タヌマ／製造・伊那食品工業）
◎とろける羊かん（タヌマ）
◎宇治抹茶グリーンティ（抹茶パウダー／タヌマ）
◎玄米フレーク（ケロッグ）
◎抹茶アイスクリーム（森永乳業）
◎バニラアイスクリーム（森永乳業）

［作り方］

❶グラスに、わつなぎ抹茶シロップ・抹茶アイスクリームの順に入れる。

❷とろける羊かんをスプーンですくい入れ、覆うようにホイップクリームを絞る。

❸バニラアイスクリームを中央に盛り、まわりに玄米フレークを散らす。

❹バニラアイスクリームの上に、抹茶ミルキーチーズホイップチーズでグラスを覆うようにのせる。

❺電子ラテアートペンで、お絵描きをする。

❻黒豆・金粉で飾る。

❼わつなぎ抹茶シロップを添える。

 Point

● 季節の絵柄で、「限定」感をアピール。

● 定番人気の抹茶パフェをアートパフェに

クリスマスツリーパフェ

抹茶のスポンジケーキを星型に抜いて重ねてクリスマスツリーに見立て、まわりに雪だるまの形の焼き菓子、サンタの型のチョコレート、星型の砂糖菓子を飾ってクリスマスのテーマでまとめました。グラスの下は赤と緑のゼリーでクリスマスカラーに。「映え」るように、雪だるまの焼き菓子、サンタのチョコレートを正面にくるように提供します。

パフェグラス(直径12cm、高さ8.5cm)

[材料]

モナジュエル ルージュ◎…60g
りんごスライス(星型)…6カット
モナジュエル シャンパンゴールド◎…45g
モナジュエル モヒートグリーン◎…85g
ホイップクリーム…47g
ホワイトチョコ抹茶スポンジ※
・6.5cm、6cm、4.5cm、3.5cm星型…各1枚
・3cm星型…2枚
ホワイトチョコホイップ※…3g×2・1g
雪だるま(バーチディダーマ)※…1個
チョコペン(茶)…適量
サンタチョコ…1個
バニラアイスクリーム◎…1個(#20)
星型砂糖菓子…4個
りんごスライス(ツリー)…2枚
いちご…1粒分
ココナッツロング…1g
粉砂糖…適量

※ホワイトチョコ抹茶スポンジ
材料(25×25×H2cm天板1台分)
薄力粉…60g
抹茶パウダー◎…10g
卵(L)…4個
グラニュー糖…80g
ホワイトチョコレート…50g
EX.Vオリーブオイル◎…大さじ2
作り方
❶ボウルに、卵・グラニュー糖を入れ湯煎にかけ温め、一気に攪拌し、もったりしたらふるった粉類を入れ混ぜ、ホワイトチョコレートとオリーブオイルを合わせ湯煎したものを入れ、さっくり混ぜる。
❷180度のオーブンで10分位焼成。

※ホワイトチョコホイップクリーム
材料
生クリーム(35%)…25ml
ホワイトチョコレート…13g
牛乳…大さじ1/2
作り方
❶ホワイトチョコレートは、湯煎にかけ冷ましておく。
❷ボウルに、生クリーム・1・牛乳を入れ泡立てる。

※雪だるま(バーチディダーマ)
材料(4個分)
バター(無塩)…25g
粉砂糖…10g
薄力粉…25g
コーンスターチ…10g
アーモンドプードル…18g
チョコレート…適量
チョコペン…適量

作り方
❶ボウルに、室温に戻したバター・粉砂糖を入れすり混ぜる。
❷ふるった粉類を入れ、ひとまとめにし、ラップに包んで冷蔵庫で30分位休ませる。
❸10gに分割し、再び冷蔵庫で10分休ませ、170度のオーブンで15分位焼成。
❹細かく刻んだチョコレートを湯煎にかけて溶かしたチョコレートを氷水で冷まし、ビニール袋に入れ、角をカットして冷めた3の平らな面に少し絞り出し、もう1つの平らな面にくっつけ、雪だるまを作る。
❺チョコペンで、顔を作る。

◎モナジュエル(フレーバーゼリー／丸源飲料工業)
◎バニラアイスクリーム(森永乳業)
◎抹茶パウダー(タヌマ)
◎EX.Vオリーブオイル(讃陽食品工業)

[作り方]

❶グラスに、モナジュエル ルージュを入れ、グラスの内側に星型に抜いたりんごを貼りつけ、さらにモナジュエル シャンパンゴールド・モナジュエル モヒートグリーンを入れる。

❷ホイップクリームでフタをするように絞り、星型に抜いたホワイトチョコスポンジ4種とホワイトチョコホイップでもみの木を作り左奥に組み立てる。

❸雪だるまを左手前にのせ、右側にバニラアイスクリーム、その上に星型の砂糖菓子を散らす。

❹サンタチョコを右手前に置き、ツリー型のりんご・縦半分にカットいちご
・3cmの星型にぬいたホワイトチョコスポンジをさらに半分の厚さにしたもの
・ココナッツロング・クリスマスピック・粉砂糖で飾る。

Point

●「映える」ポイントは、1か所ではなく2〜3か所作る。

●味の相性を考えて組み立てる。

●子供が食べやすい内容に。

サンタパフェ

サンタパフェ

クッキーシューでクリームディプロマットをはさんで顔にし、ホイップクリームでヒゲと眉毛を作り、目はレーズンで、鼻はいちごスライスで作ってサンタの顔にしました。グラスの側面は、サンタの服の部分にし、赤く。食べてもおいしいよう、いちごの果肉、いちごゼリーとストロベリーアイスを組み合わせて入れました。

パフェグラス(直径9cm、高さ11.5cm)

[材料]

いちご…輪切り2カット
いちごゼリー※…80g
ストロベリーアイスクリーム◎…1個(#18)
キャラメルワッフル…1枚
クッキーシュー※…1個分
ホイップクリーム…13g
クリームディプロマット※…140g
いちご…1粒+1カット
レーズン…2粒
マシュマロ(小)…3個×2
ミニミニブーツ(飾り)…2足

※いちごゼリーの作り方は51ページ。

※クッキーシュー
材料(直径7cm6個分)
クッキー生地
 バター(無塩)(室温)…30g
 グラニュー糖…30g
 薄力粉…30g
 アーモンドプードル…30g
シュー生地
 水…125ml
 バター(無塩)…50g
 塩…1g
 薄力粉…75g
 卵(L)…2個位

作り方

❶クッキー生地を作る。室温に戻したバター・グラニュー糖をボウルに入れ、すり混ぜる。ふるった粉類を入れ、さっくり混ぜ、12cmの長さに棒状にまとめ、冷蔵庫で30分休ませ、8等分にする。

❷シュー生地を作る。鍋に、水・バター・塩・グラニュー糖を入れ火にかける。
沸騰したら、火からおろし、一気にふるった薄力粉を加え混ぜ、再び火にかけ、鍋底に膜がはったら、火からおろす。卵を少しずつ加え、その都度よく混ぜ、ヘラから落ちた生地が逆三角形の形になったらできあがり量。
1cm口金をセットした絞り袋に入れ、直径7cmの大きさに絞り、高さと形を整え、その上にクッキー生地をのせ、180度のオーブンで25〜30分焼成。

※クリームディプロマット
材料(できあがり量230g)
卵黄…2個
グラニュー糖…40g
薄力粉…10g
牛乳…166ml
バニラビーンズペースト◎…3g
生クリーム(35%)(八分立て)…66ml

作り方

❶カスタードクリームを作る。ボウルに、卵黄・グラニュー糖を入れすり混ぜる。

❷鍋に牛乳を入れ、沸騰させないように温め、1に加え混ぜる。

❸ふるった薄力粉を加え、鍋にこし入れ、バニラビーンズペーストを入れ、火にかけ、固さを調整する。

❹3を冷まし、八分立てに泡立てたホイップクリームを入れ、泡だて器で混ぜる。

❺ビニール袋に入れ、冷蔵庫で休ませる。

◎バニラビーンズペースト(サンデン商事)
◎ストロベリーアイスクリーム(森永乳業)

[作り方]

❶グラスに、いちごを横にスライスしたものをグラスに貼りつけ、いちごゼリーを入れ、ストロベリーアイスクリームをのせる。

❷キャラメルワッフルをのせ、その上に横半分にカットした下の部分のクッキーシューをのせ、クリームディプロマットをのせ、その上にホイップクリームを3g絞り、クッキーシューをかぶせる。ひげはホイップクリーム6g
・鼻はいちごスライス・目はレーズンで飾る。

❸ホイップクリームを3g絞り、ヘタをとったいちごにチョコをのせ、マシュマロをつけて帽子にする。

❹ミニミニブーツにマシュマロを各3個ずつ詰め、グラスに貼りつける。

Point

●味の相性がいい内容で組み立てる。

●子供が食べやすい構成に。

人気パティスリー＆人気レストラン
チーズケーキの技術

■ B5判・176ページ
■ 定価：本体 3500円+税

人気レストランの皿盛りチーズケーキ

クローニー ≫ ハッサクとレモンのチーズタルトケーキ

ティエリー・マルクス ≫ "白妙"軽いクリームチーズのムース ≫ ベイクドチーズケーキ

エサンス
≫ フロマージュブランと酒粕のムース 枡の香り
≫ ロックフォールチーズのババロアとアイスクリーム
≫ マスカルポーネとクリームチーズのムース キイチゴ添え

ラ・ソラシド ≫ ゴルゴンゾーラのチーズケーキ～赤色の波長で～

フランス料理 レ・サンス ≫ クリームチーズのエスプーマ ライチ風味 ≫ 温かいチーズムースと冷たいチーズムースの二重奏

フレンチバル レ・サンス ≫ バスクチーズケーキ

ビストロ・ノブティックB ≫ クリームチーズのいちじくソース

スペインバル バンダ ≫ バスク風黒チーズケーキ

ダ・イシザキ ≫ ティラミス ≫ タルト・フロマージュ ≫ スフレチーズケーキ ≫ カマンベールチーズケーキ

人気パティスリーのチーズケーキ

パティシエ・シマ ≫ クレーム・アンジュ

パティスリー＆カフェ デリーモ ≫ ドゥー・フロマージュ

ベルグの4月 ≫ フロマージュ・パッション ≫ サント・モール・ド・トゥーレーヌ ≫ シャビ・レザン ≫ トロピカル・フロマージュ ≫ アイアシュッケ

パティスリーショコラトリーシャンドワゾー ≫ フロマージュ・キュイ

パティスリー ラ・ノブティック ≫ レーヌ・ブラン

テタンレール ≫ ステラ ≫ シキタ

デリチュース ≫ フリー・ド・モー チーズケーキ ≫ ブラン フロマージュ オ ポム

パティスリー エトネ ≫ スフレ フロマージュ ≫ ピエロ

パティスリーイデ ≫ イデのチーズケーキ ≫ ネージュ

レ・グーテ ≫ フフレ

旭屋出版 〒160-0005 東京都新宿区愛住町23番地2 ベルックス新宿ビルⅡ 6階
販売部（直通）☎03-5369-6423 https://www.asahiya-jp.com

★お求めは、お近くの書店または左記窓口、旭屋出版WEBサイトへ。

夜パフェ

お酒をグラスに入れる他、お酒を使ったシロップやクリームを合わせたり、お酒でマリネしたフルーツを合わせて作るのが、夜パフェ。大人向けのパフェとして誕生した新しいジャンルのパフェです。

◉グレープフルーツ＆ワインのパフェ

◉ジャパニーズSAKEのパウダーアートパフェ

◉ほろ酔いフラッペパフェ パウンドケーキのっけ

グレープフルーツ＆ワインのパフェ

グレープフルーツ&ワインのパフェ

赤ワインでマリネしたグレープフルーツを、マリネ液も含めてグラスに入れ、白ワインでマリネしたグレープフルーツと重ねてパフェにしました。アイスはライチのシャーベットで爽やかに。カクテルのイメージで、グレープフルーツピールと、飾り切りしたグレープフルーツをグラスの縁に飾りました。

グラス（直径7.5cm　高さ20.9cm）

［材料］

グレープフルーツ赤ワインマリネ※
　…60g（果肉46g）
ホイップクリーム…17g
グレープフルーツ白ワインマリネ※
　…5切れ（78g）
ライチシャーベット◎…1個（#16）
グレープフルーツ…1/8切れ
グレープフルーツピール※…2カット（7g）
レモンバーム…1トッピング

※グレープフルーツ赤ワインマリネ
材料（できあがり量290g）
グレープフルーツ果肉…1個分（180g位）
赤ワイン…50ml
グラニュー糖…25g

※グレープフルーツ白ワインマリネ
材料（できあがり量290g）
グレープフルーツ果肉…1個分（180g位）
白ワイン…50ml
グラニュー糖…25g
作り方
❶グレープフルーツは、皮をむき、果肉のみにする。
❷果汁10mlを確保し、果肉はバットに並べる。
❸鍋に、果汁・グラニュー糖を入れ、砂糖が溶けたら、赤ワイン（または白ワイン）を入れ混ぜる。
❹バットに並べたグレープフルーツの果肉に3を注ぎ入れ、フタをして冷蔵庫でひと晩置き、味をなじませる。

※グレープフルーツピール
材料
グレープフルーツの皮…1個分
グラニュー糖…30g
プルコレモン◎…大1強
作り方
❶グレープフルーツは、黄色い皮だけを薄くむき、細切りにして、鍋に入れ、2〜3回ゆでこぼし、ザルに上げておく。
❷テフロン加工のフライパンに、1を入れ、火にかけ、グラニュー糖を2回ぐらいに分けて入れ、からめる。
❸バットにグラニュー糖を入れ、2を1カットずつ入れ、グラニュー糖を全体に覆わせる。
❹網にのせ、完全に乾かし、冷蔵庫で保存する。

◎プルコ　レモン（レモン果汁入り濃縮飲料／サントリーフーズ）
◎ライチシャーベット（森永乳業）

［作り方］

❶グラスに、グレープフルーツ赤ワインマリネ・ホイップクリーム・グレープフルーツ白ワインマリネの順に入れる。

❷ライチシャーベットをのせ、皮付きのグレープフルーツの皮の部分に3か所切込みを入れたものを飾る。

❸グレープフルーツピール・レモンバームを飾る。

Point

● ワインマリネの砂糖の分量は、グレープフルーツの甘みで調整も。

● グレープフルーツのカッティング法は033ページに。

ジャパニーズSAKEのパウダーアートパフェ

ジャパニーズSAKEの パウダーアートパフェ

日本酒とミックスベリーで作る日本酒ベリーソースをグラスの中に入れます。別添えもして、かけながらも日本酒風味のソースで楽しんでもらう趣向です。157ページのアートパフェのスタイルを取り入れ、表面はクリームチーズで作るチーズ風味のホイップクリームで覆い、電子ラテアートペンで桜の花びらを描きました。

パフェグラス(直径9.5cm、高さ15.5cm)

[材料]

日本酒ベリーソース※…40g
マスカルポーネアイスクリーム◎
　…1個(#18)
ホイップクリーム…24g
バニラアイスクリーム◎…1個(#18)
フルーツグラノラハーフ◎…8g
いちご…1粒分
チーズホイップ※…50〜60g
アートペンパウダー◎
　いちごミルクカラー…適量
　クランベリーパウダー…適量
赤すぐり…1粒
日本酒ベリーソース※…20g

※チーズホイップ
材料(できあがり量130g位)
クリームチーズ…50g
グラニュー糖…20g
ヨーグルト…25g
生クリーム(35%)…50ml
作り方
❶室温に戻したクリームチーズ・グラニュー糖を混ぜ、さらに、生クリームを入れ、ホイップする。

※日本酒ベリーソース
材料(できあがり量70g)
IQFミックスベリー◎…50g
グラニュー糖…10g
日本酒…10g
作り方
❶ボウルに、ミックスベリー・グラニュー糖を入れ、まぶして10分おく。
❷日本酒を入れ、混ぜ合わせる。

◎アートペンパウダー(販売・タヌマ/製造・伊那食品工業)
◎IQFミックスベリー(冷凍フルーツ/丸源飲料工業)
◎マスカルポーネアイスクリーム(森永乳業)
◎バニラアイスクリーム(森永乳業)
◎フルーツグラノラハーフ(ケロッグ)

[作り方]

❶グラスに、日本酒ベリーソース・マスカルポーネアイスクリームの順に入れる。

❷ホイップクリームでフタをするように絞り、中央をつぶしたバニラアイスクリームをのせ、フルーツグラノラハーフを散らす。

❸縦にスライスしたいちごをグラスに添わせるように貼りつけ、チーズホイップでグラスを覆うようにのせる。

❹電子ラテアートペンで、お絵描きをする。

❺赤すぐりを飾る。

❻日本酒ベリーソースを添える。

●日本酒ベリーソースは別添えにもして、好みでかけてもらう。

ほろ酔いフラッペパフェ パウンドケーキのっけ

ほろ酔いフラッペパフェ パウンドケーキのっけ

カンパリシロップを使った「アルコール×パフェ」であり、「かき氷×パフェ」でもあり、パウンドケーキを合わせた「ケーキパフェ」の魅力も融合させたパフェです。お酒に弱い方もいるので、カンパリシロップは控えめにかけておき、別添えにして好みで追加してもらう提供法がいいでしょう。

パフェグラス(直径12.5cm、高さ4cm)

［材料］

カンパリシロップ※…24g+36g
氷…247g
アメリカンチェリーのパウンドケーキ※
…1切れ分
黄すいかカット…1切れ
赤すいかカット…1切れ
パイナップルカット…1切れ
シャインマスカット…1個
巨峰…1個
アメリカンチェリー…1粒
バニラアイスクリーム◎…1個(#18)
ホイップクリーム…13g×2
きな粉◎…適量
ミント…1トッピング
カンパリシロップ※…30g

※アメリカンチェリーのパウンドケーキ
材料(＊3㎝幅にカットしたもの5切れ分)
薄力粉…120g
ベーキングパウダー…2.5g
バター(無塩)…100g
卵(L)…2個
グラニュー糖…90g
アメリカンチェリーマリネ…100g
作り方
❶室温に戻したバター・グラニュー糖をボウルに入れ、すり混ぜる。
❷溶いた卵を少しずつ入れ、その都度よくかき混ぜる。
❸ふるった粉類を一気に加え、切るように混ぜ、まだ粉っぽさがある状態でアメリカンチェリーマリネを入れ、さっくり混ぜる。
❹パウンドケーキ型に450g入れ、180度のオーブンで30〜40分焼成。

※カンパリシロップ
材料
カンパリ…10ml
シュガーシロップ…100ml
プルコレモン◎…25ml
作り方
❶材料をよく混ぜ合わせる。

※アメリカンチェリーマリネの作り方は073ページ。

◎プルコ レモン(レモン果汁入り濃縮飲料／サントリーフーズ)
◎バニラアイスクリーム(森永乳業)
◎きな粉(タヌマ)

［作り方］

❶グラスに、カンパリシロップを入れる。

❷氷をかき、カンパリシロップをかける。

❸3cm幅にカットしたパウンドケーキをさらに半分にカットし、左右にのせる。

❹黄すいか(厚さ2.5cm・高さ13cm・幅4.5cm)・赤すいか(高さ5cm・幅6cmの三角錐型)・パイナップル(厚さ2cm・高さ6cm・幅4.5cm)・シャインマスカット・巨峰・バニラアイスクリーム、アメリカンチェリーを飾り、ホイップクリームをバニラアイスクリームの前後に絞る。

❺きな粉をふり、ミントを飾る。

❻ピッチャーにカンパリシロップを入れ、添える。

Point

●かき氷は、通年メニュー化してきているので、フルーツで季節感も。
●フォークで食べるところは、食べやすく。

ドリンク+パフェ
かき氷+パフェ

ストローでドリンクとしても楽しめるパフェ。また、かき氷としても
楽しめるパフェ。このようなハイブリッドのパフェは、そのときのブ
ームのメニューと融合させて開発することもできます。

- マンゴーミルクパフェ
- 桃パフェ
- みかんと柚子のパフェ
- カラフルすいかパフェ
- ミニカラフルすいかパフェ
- 巨峰タワーパフェ
- にぎやかフラッペパフェ
- 黒糖とシャインマスカットの
  フラッペパフェ
- メロンといちごの
  フラッペパフェ

- 白桃とほうじ茶の
  フラッペパフェ
- ほうじ茶＆ダブルピーチの
  フラッペパフェ（テイクアウトスタイル）
- かぼちゃと黒糖きな粉の
  フラッペパフェ 〜シナモントッピング〜
- かぼちゃと黒糖きな粉の
  フラッペパフェ 〜黒こしょうトッピング〜
- フルーツ＆タピオカの
  フラッペパフェ
- ぎゅっと絞ったすだちの
  フラッペパフェ

マンゴーミルクパフェ

マンゴーミルクパフェ

マンゴーミルクの上に、アイスクリーム、シャーベット、ホイップクリーム、フルーツを飾ったパフェ。マンゴーミルクを飲みながら楽しめるよう、ストローをさして提供します。高さと広がりのあるデコレーションでパフェのように見せて、ドリンクの要素もあるという特徴で、楽しさを広げます。

パフェグラス（直径10.5cm、高さ13cm）

［材料］

マンゴーミルク
　マンゴーソース◎…50g
　牛乳…20ml
ホイップクリーム…25g
キウイ…2/8切
バニラアイスクリーム◎…1個（#18）
マンゴーシャーベット◎…1個（#18）
ホイップクリーム…20g
マンゴーソース◎…7g
ミント…1トッピング
ストロー…1本

◎マンゴーソース（森永乳業）
◎マンゴーシャーベット（森永乳業）
◎バニラアイスクリーム（森永乳業）

［作り方］

❶マンゴーソース50mlと牛乳20mlを混ぜ、マンゴーミルクを作っておく。

❷グラスに、マンゴーミルクを入れ、ホイップクリームでフタをするように絞る。

❸輪切りにしたキウイをさらに半分にカットし手前と奥に飾る。

❹左右にバニラアイスクリームとマンゴーシャーベットをのせ、絞り袋に入れたホイップクリームを手前・奥・てっぺんの順に絞り、マンゴーソースをかけ、ミントを飾る。

❺ストローをさす。

Point

● 上のデコレーションが、下のドリンクと混ざっても味的に違和感のない組み合わせにする。

● 下のドリンクを変えて、バリエーションが広がる。

175

桃パフェ

桃パフェ

桃の印象を強めるよう、桃のコンポートとピーチシャーベットと、桃の
クラッシュゼリーの組み合わせに。さらに、グラスの底には、イタリア
のピーチネクターで、濃厚な味わいが特徴な「スッコ・ディ・ペスカ」
を入れて、桃の後味を強めました。

パフェグラス(直径10.5cm、高さ13.5cm)

［材料］

桃のコンポート※…1/4切分(46g)
スッコ・ディ・ペスカ◎…60g
ホイップクリーム…58g
ストロー…2本
桃のコンポート※…3/4切分
ピーチシャーベット◎…1個(#18)
桃のクラッシュゼリー※…26g
ミント…1トッピング

※桃のコンポート
材料(直径8.5cm位2個分)
白桃…2個
グラニュー糖…25〜30g
水…250ml
ブルコレモン◎…15g
作り方
❶鍋に、水・グラニュー糖・ブルコレモンを入れ、沸騰
　させる。
❷砂糖が溶けたら、桃を皮付きのまま加え、落し蓋を
　し、約8〜10分中火で煮る。
❸火を止め、粗熱がとれたら、桃を取り出し、冷蔵庫
　へ入れておく。

※桃のクラッシュゼリー
材料
コンポートの煮汁…全量(170g位)
板ゼラチン…2.5g
作り方
❶桃のコンポートの煮汁を鍋に移し、100mlになるま
　で煮詰め、火を止めてからふやかしたゼラチンを加
　え、溶かし、バットに流し、冷やし固める。
❷細かく刻む。

◎ブルコレモン(レモン果汁入り濃縮飲料／サントリーフーズ)
◎スッコ・ディ・ペスカ(モンテ物産)
◎ピーチシャーベット(森永乳業)

［作り方］

❶グラスに、桃のコンポート1/4切分をさらに6カットにしたものを入
　れ、スッコ・ディ・ペスカを注ぐ。
❷ホイップクリームでフタをするように絞り、ピーチシャーベットを左に
　のせる。
❸桃のコンポート3切れを右側にのせ、桃のクラッシュゼリーをちらす。
❹ストロー、ミントで飾る。

●桃のコンポートは、グラスの下と、上の飾りの
　両方に。
●ストローをさして出すことで、飲み物であるこ
　とも明確に。

みかんと柚子のパフェ

グラスの下は、みかんスムージーで、ドリンクとしても楽しめるパフェに。同じ柑橘系の柚子のシャーベットと合わせて、みかんジャムもトッピングして、みかんの風味に広がりを持たせました。下のみかんスムージーの底にもみかんジャムを忍ばせておき、飲んでいくとスムージーの味わいが少し変わる仕掛けもしています。

パフェグラス(直径11.5cm、高さ12.5cm)

［材料］

みかんジャム※…10g
みかんスムージー※…146g
ホイップクリーム…30g
ゆずシャーベット◎…1個(#18)
みかん…1個分
ストロー2色…2本
ホイップクリーム…2g
ゆずゼスト…0.5g
みかんラングドシャ…1枚
ミント…1トッピング
みかんジャム…1g×5〜6か所

※みかんジャム
材料(できあがり量100g位)
みかん…200g
グラニュー糖(みかんの35%)…70g
ブルコレモン◎…3g
みかんゼスト…1.5g
作り方
❶みかんは、外皮をむいて薄皮はそのままで横半分にカットし、ピューレ状にする。
❷鍋に1とグラニュー糖を入れ、中火にかけ、沸騰するとアクが出るので取り除く。
❸火を弱め、100分位煮る。
❹みかんゼストを加え、とろみがつけばできあがり。冷めるとさらにとろみが増すので煮詰めすぎないように注意！

※みかんスムージー
材料
みかんジュース(冷凍)…50g
りんごジュース(冷凍)…50g
氷…3個(60g)
わつなぎ ゆずシロップ◎…10g
作り方
❶ブレンダーミキサーに、凍らせたみかんジュース・凍らせたりんごジュース・氷・わつなぎ ゆずシロップを入れ、撹拌する。

◎ブルコ レモン(レモン果汁入り濃縮飲料／サントリーフーズ)
◎わつなぎ ゆずシロップ(和のプレミアムシロップ／サントリーフーズ)
◎ゆずシャーベット(森永乳業)

［作り方］

❶グラスに、みかんジャムを入れ、静かにみかんスムージーをのせる。

❷ホイップクリームでフタをするように絞り、中央にゆずシャーベットののせ、まわりに1房を切込みを入れてひろげたみかんを外側6房分・内側5房分を並べる。

❸ストローをさし、ゆずシャーベットの上にホイップクリームを絞り、みかんラングドシャとミントを飾る。

❹みかんの上に、みかんジャムを5〜6か所トッピングする。

Point

● ドリンクのところを層にして味の変化を楽しませる。

● 広がりのある盛り付けで、パフェらしさを出す。

● 柑橘系の風味で統一感を。

カラフルすいかパフェ

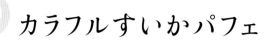

カラフルすいかパフェ

赤すいか、黄すいかの2種類を合わせ、すいかのパフェにしました。グラスの下は赤すいかのスムージーと黄すいかのスムージーを層にして入れ、ドリンクと融合させたパフェに。盛夏のパフェらしく、アイスクリームはココナッツアイスクリームを合わせました。

パフェグラス(直径8cm、高さ16.5cm)

[材料]

赤すいかスムージー※…100g
黄すいかスムージー※…120g
ホイップクリーム…50g
ココナッツアイスクリーム◎…1個(#16)
赤すいかボール…4個＋2個
黄すいかボール…4個＋3個
白玉◎…3個
ライムスライス…1枚分
ドライすいか…1個
ミント…1トッピング

※赤すいかスムージー
材料(できあがり量184g)
赤すいか…100g
プルコレモン◎…5g
シュガーシロップ…10ml
キューブアイス…4個(80g)

※黄すいかスムージー
材料(できあがり量175g)
黄すいか…100g
プルコレモン◎…5g
シュガーシロップ…10ml
キューブアイス…4個(80g)
作り方
❶ミキサーに、ひと口大の赤すいかまたは黄すいか・プルコレモン・シュガーシロップ・氷を入れ攪拌する。

◎プルコ レモン(レモン果汁入り濃縮飲料／サントリーフーズ)
◎ココナッツアイスクリーム(森永乳業)
◎白玉(タヌマ)

[作り方]

❶パフェグラスに、赤すいかスムージー・黄すいかスムージーの順に層を作るように静かに入れる。

❷ホイップクリームでフタをするように絞り、ココナッツアイスクリームをのせる。

❸ココナッツアイスクリームのまわりに、1段目は、赤すいかボールと黄すいかボールを交互に各4個ずつ並べる。

❹2段目は、赤すいかボール1個・黄すいかボール3個・白玉3個を並べる。3段目は、赤すいかボール1個・ライムの輪切り1/2カットにしたものを2枚・ドライすいか・ミントで飾る。

Point

●グラスの中のスムージーは層にして、期待させる。

●高さのある飾り付けにしてパフェらしさを。

●すいかボールの間に白玉を入れて、遊び心をプラス。

●すいかボールの作り方は、028ページのメロンのくり抜き方を参照。

ミニカラフルすいかパフェ

180ページのレギュラーサイズの「カラフルすいかパフェ」とは、内容構成は、全く同じで小さいサイズのグラスに盛り付けました。ミニサイズでも、内容を省かないことが、人気を呼ぶポイントです。

パフェグラス(直径6cm、高さ12.5cm)

［材料］

黄すいかスムージー※…30g
シュガーシロップ…5ml
赤すいかスムージー※…50g
ホイップクリーム…20g
ココナッツアイスクリーム◎…1個(#22)
赤すいかボール…2個
黄すいかボール…2個
白玉◎…1個
ライムスライス…1/2枚分
ドライすいか…1個
ミント…1トッピング

※赤すいかスムージー
材料(できあがり量184g)
赤すいか…100g
プルコレモン◎…5g
シュガーシロップ…10ml
キューブアイス…4個(80g)

※黄すいかスムージー
材料(できあがり量175g)
黄すいか…100g
プルコレモン◎…5g
シュガーシロップ…10ml
キューブアイス…4個(80g)

作り方
❶ミキサーに、一口大の赤すいかまたは黄すいか・プルコレモン・シュガーシロップ・氷を入れ撹拌する。

◎プルコ レモン(レモン果汁入り濃縮飲料／サントリーフーズ)
◎ココナッツアイスクリーム(森永乳業)
◎白玉(タヌマ)

❶パフェグラスに、黄すいかスムージーとシュガーシロップを入れ、バースプーンで混ぜる。

❷赤すいかスムージーを静かに注ぐ。

❸ホイップクリームでフタをするように絞り、ココナッツアイスクリームをのせる。

❹ココナッツアイスクリームのまわりに、赤すいかボールと黄すいかボールを交互に各2個ずつ並べ、上に白玉をのせる。

❺ライムスライスをさらに半分にカットにしたものを2枚・ドライすいか・ミントで飾る。

Point

● グラスの底の黄すいかスムージーは甘くする。小さなグラスだが、その中での味の変化で楽しさを広げる。

● レギュラーサイズと楽しみ方は同じにする。

巨峰タワーパフェ

巨峰タワーパフェ

グラスの上にホイップクリームを山盛りに絞って巨峰を飾ります。横半分にカットした巨峰を、皮を表にして2段で飾り付けることで、まるで巨峰ひと房食べられるパフェのような印象を作りました。グラスの下はヨーグルトを混ぜた、さっぱりした巨峰スムージーにし、ドリンクの魅力を融合しました。

パフェグラス(直径10cm、高さ15cm)

[材料]

巨峰スムージー※…40g
ホイップクリーム…20g+40g
巨峰(横半分　切り口を表に)…
　　1段目　6カット
　　2段目　6カット
ココナッツアイスクリーム◎…1個(#18)
巨峰(横半分　皮を表に)…
　　1段目　6カット
　　2段目　4カット
花びら巨峰…1個

※巨峰スムージー
材料(できあがり量340g)
巨峰(冷凍)…140g(12粒位)
キューブアイス…3個(60g)
ヨーグルト…50g
作り方
❶ブレンダーミキサーミキサーに、凍らせた巨峰・氷・ヨーグルトを入れ、攪拌する。

◎ココナッツアイスクリーム(森永乳業)

[作り方]

❶グラスに、巨峰スムージーを入れる。

❷ホイップクリームでフタをするように絞り、中央に、ココナッツアイスクリームを盛る。

❸横半分にカットした巨峰を切り口を外側にしてグラスに貼り付けるように1段目6カット、2段目6カット並べる。

❹ホイップクリームを山高く絞り、横半分にカットした巨峰を皮を外側にして、1段目に6カット、2段目に4カット並べる。

❺一番上に、巨峰に切込みを十文字に入れ、皮をめくって作る、花びら巨峰を飾る。

❻ストローをさす。

Point

●うず高く盛り付けて、巨峰の多さをアピール。
●巨峰スムージーは、ヨーグルトを混ぜて違う風味に。
●巨峰のカッティング法は029ページに。

にぎやかフラッペパフェ

かき氷とかき氷の間に、アイスクリームやゼリー、フルーツ、タピオカ、グラノーラを入れて層にしました。「次は何が出てくるんだろう?」と食べ進みやすいよう、一つのスプーンで食べやすい大きさにフルーツもゼリーも合わせます。

グラス(直径9cm、高さ14.5cm)

[材料]

バニラアイスクリーム◎…1個(#16)
カット抹茶ゼリー◎…52g
かき氷…60g+17g+45g+15g+4g
マンゴーチャンク◎…2カット＋2カット
ゴールデンパインアップルチャンク◎
　…2カット＋2カット
キウイスライス…1枚分
ブラックタピオカ…58g
黒ごまアイスクリーム◎…1個(#16)
粒あん◎…1個(#18)＝(70g)
玄米グラノラ◎…7g
コンデンスミルク◎…5g

◎カット抹茶ゼリー(タヌマ)
◎マンゴーチャンク(冷凍カットマンゴー／丸源飲料工業)
◎ゴールデンパインアップルチャンク
　(冷凍カットゴールデンアップルパイン／丸源飲料工業)
◎黒ごまアイスクリーム(森永乳業)
◎バニラアイスクリーム(森永乳業)
◎玄米グラノラ(ケロッグ)
◎コンデンスミルク(筑波乳業)
◎粒あん(タヌマ)

[作り方]

❶グラスに、バニラアイスクリームを少々平らにした状態でいれ、抹茶ゼリーをレードルスプーン2杯いれる。

❷氷を60g削り、グラスのまわりにマンゴー2カット・パイン2カット・輪切りのキウイをさらに十文字にカットしたものを2カットを交互に飾る。

❸氷を17g削り、ブラックタピオカをグラスのまわりに入れ、さらに氷を45g削る。

❹手前に黒ごまアイスクリーム、右奥に粒あんをのせ、氷を15g削り、マンゴー2カット・パイン2カット・輪切りのキウイをさらに十文字にカットしたもの・玄米グラノラを飾る。

❺氷を4g削り、コンデンスミルクをかける。

Point

● グラスの側面からも、にぎやかさをアピールする。

● フルーツは食べやすい大きさに揃える。

● グラスの中にタピオカが入っていることがわかるように入れる。

黒糖とシャインマスカットのフラッペパフェ

黒糖とシャインマスカットの
フラッペパフェ

ゆず黒糖シロップを合わせた和風フラッペに、抹茶アイスクリーム、こしあんとぶどうを。ぶどうは、タネなしで皮ごと食べられるシャインマスカットに。シャインマスカットはスプーンで食べやすいように横半分にカットして盛り付けます。彩りのアクセントに赤すぐりを。

パフェグラス(直径10cm、高さ13.5cm)

[材料]

ゆず黒糖シロップ※…10g
かき氷…75g
シャインマスカット…4粒分
かき氷…85g
抹茶アイスクリーム◎…1個(#18)
こしあん◎…1個(#16)
かき氷…50g
ゆず黒糖シロップ…10g
赤すぐり…8粒(6g)
シャインマスカット…2粒分

※ゆず黒糖シロップ
材料(作りやすい量)
わつなぎ 黒糖シロップ◎…30g
わつなぎ ゆずシロップ◎…10g
ダークラム…3ml
作り方
❶材料を混ぜ合わせる。

◎わつなぎ 黒糖シロップ(和のプレミアムシロップ／サントリーフーズ)
◎わつなぎ ゆずシロップ(和のプレミアムシロップ／サントリーフーズ)
◎抹茶アイスクリーム(森永乳業)
◎こしあん(タヌマ)

[作り方]

❶グラスに、ゆず黒糖シロップを入れる。

❷氷を削り、横半分にカットしたシャインマスカットを断面をグラス側にして8カット飾る。

❸氷をグラスの高さまで削り、左に抹茶アイスクリーム、右にこしあんを盛る。

❹再び氷を削り、ゆず黒糖シロップをかけ、赤すぐりと横半分にカットしたシャインマスカットを4カット飾る。

Point

●広がりのある盛り付けでパフェらしく。

●飾りとかき氷を一緒にスプーンで食べやすい組み立てに。

メロンといちごのフラッペパフェ

メロンといちごのフラッペパフェ

いちごとメロンの大人気フルーツの組み合わせです。器を一周するメロンボール、中央に山盛りのいちごで、「いちごとメロンがいっぱい」の盛り付けにし、贅沢感もあるパフェにしました。さらに、グラスの中は、冷凍いちごと冷凍したメロンを「マルチスライサー」で削ったかき氷に。最後までいちごとメロンを味わえる構成です。

パフェグラス（直径15cm、高さ8.5cm）

［材料］

コンデンスミルク◎…18g
メロン＆いちご※…300g
メロンボール（直径2.5cm）…15個
ホイップクリーム…30g
バニラアイスクリーム◎…1個（#18）
粒いちごシロップ※…45g
メロン＆いちご※…15g
ミント…1トッピング

※メロン＆いちご
材料
冷凍したメロン　…150g
IQFいちごチャンク◎…158g
キューブアイス…4個（80g）
作り方
❶メロンボールを作った残りの果肉をひと口大にして凍らせる。
❷マルチスライサーに凍らせたメロン、冷凍いちご、キューブアイスを入れて削る。

※粒いちごシロップ
材料（できあがり74g）
IQFいちごチャンク◎…75g
グラニュー糖…25g
水…25g
ホワイトラム…7ml
ブルコ　レモン◎…3ml
作り方
❶IQFいちごチャンクを縦に3ミリ厚でスライスする。
❷鍋に、1とグラニュー糖、水、ブルコレモンを入れて弱火にかける。
❸沸騰したらアクを取り、中火にして2分ほど炊く。
❹ボウルに入れて冷ます。

◎IQFいちごチャンク（冷凍いちご／丸源飲料工業）
◎ブルコ レモン（レモン果汁入り濃縮飲料／サントリーフーズ）
◎コンデンスミルク（筑波乳業）
◎バニラアイスクリーム（森永乳業）

［作り方］

❶グラスにコンデンスミルクを入れ、上から「マルチスライサー」（206ページ参照）で削った「メロン＆いちご」のかき氷を入れる。

❷グラスの縁に沿ってメロンボールを飾り、その内側に縦半分にカットしたいちごを並べる。

❸中央にホイップクリームを絞り、バニラアイスクリームをのせる。

❹粒いちごシロップをバニラアイスクリームの上にかけ、「マルチスライサー」で削った「メロン＆いちご」のかき氷を上からかけ、ミントを飾る。

● 果肉感を残して作る粒いちごシロップをかけて、いちごを強調。

● メロンボールをびっしり並べて、メロンの存在を強調。

白桃とほうじ茶のフラッペパフェ

白桃とほうじ茶のフラッペパフェ

人気が高まっているほうじ茶風味のアイスクリームと練乳とマドレーヌを合わせてフラッペパフェにしました。合わせるフルーツは、白桃。香ばしいほうじ茶の風味と白桃の甘味はよく合います。ほうじ茶練乳は、ほうじ茶の茶葉と乾燥金木犀を牛乳で煮出したものを煮詰めて作ります。乾燥金木犀はほうじ茶アイスクリームの上にもトッピングし、香りで初秋の演出もしました。食感のアクセントにしたのは、おいりです。

パフェグラス（直径12cm、高さ8.5cm）

[材料]

ほうじ茶練乳※…12g
かき氷…32g
IQFアメリカンホワイト
ピーチダイス◎…35g
かき氷…56g
ピーチシャーベット◎…1個（#18）
IQFアメリカンホワイト
ピーチダイス◎…35g
かき氷…90g
ほうじ茶練乳※…30g
ほうじ茶アイスクリーム◎…1個（#18）
ホイップクリーム…34g
乾燥金木犀…1つまみ
ほうじ茶練乳※…12g
おいり…5個
白桃缶…1/2カット分
ほうじ茶入りミルクマドレーヌ※
　…1個
ミント…1トッピング

※ほうじ茶練乳
材料（できあがり78～80g）
牛乳…300～400ml
乾燥金木犀…1つまみ
ほうじ茶葉…5g
グラニュー糖…50g
作り方
❶鍋に牛乳100ml、茶葉、乾燥金木犀を入れ、中火にかけて、しっかりと色が出るまで煮出す。
❷茶こしでこして計量し、200gになるまで牛乳を足す。グラニュー糖を加えて中火にかける。焦げ付かないようにゴムベラでたえず混ぜながら半分くらいになるまで煮詰める。

※ほうじ茶入りミルクマドレーヌ
材料（直径6cmの型、5～6個分）
卵（L）…1個
はちみつ…5g
金木犀入りほうじ茶の茶葉…2g
グラニュー糖…45g
薄力粉…50g
ベーキングパウダー…1g
溶かしバター…60g

作り方
❶型にバター（分量外）を塗って粉（分量外）をふって冷蔵庫に入れておく。
❷ボウルに卵、はちみつ、グラニュー糖、細かく刻んだ茶葉を入れて、湯せんにかけながら泡立て器で混ぜて、もったりと白っぽくなるまで攪拌する。
❸火からはずして、ふるった粉類を合わせて、さっくりと混ぜる。
❹溶かしバターを混ぜ、丸口金をセットした絞り袋に入れて、冷蔵庫で30分以上休ませる。
❺準備しておいた型に生地を流し入れ、180度のオーブンで12～14分焼成する。

◎IQFアメリカンホワイトピーチダイス
（冷凍カットピーチ／丸源飲料工業）
◎ピーチシャーベット（筑波乳業）
◎ほうじ茶アイスクリーム（筑波乳業）

[作り方]

❶グラスに、ほうじ茶練乳を入れ、グラスをまわして広げる。

❷氷をグラスの1/3まで削り入れ、グラスのまわりに冷凍ピーチダイスを散らし、その上から氷をグラスの高さまで削る。

❸中央にピーチシャーベットをのせ、まわりに冷凍ピーチダイスを散らし、上から氷を山高く削る。

❹ほうじ茶練乳を3回転まわしかけ、右側にほうじ茶アイスクリーム、左側にホイップクリームを絞る。ほうじ茶アイスクリームの上にほうじ茶練乳をかけ、乾燥金木犀をかける。

❺3つにカットした白桃、おいり、ほうじ茶入りミルクマドレーヌ、ミントを飾る。

Point

●金木犀入りほうじ茶練乳でほうじ茶アイスクリームに香りもプラス。

●グラスの側面から桃が見えるようにダイスカットを入れる。

ほうじ茶＆ダブルピーチのフラッペパフェ (テイクアウトスタイル)

ほうじ茶＆ダブルピーチの
フラッペパフェ（テイクアウトスタイル）

192ページの「白桃＆ほうじ茶のフラッペパフェ」と内容は似ていますが、スプーン一つで食べ進められるよう、カップの中は冷凍の白桃と黄桃を「マルチスライサー」で削ったものを入れています。粗めに削って食感も少し残して楽しめるようにしました。桃は、しっかりした甘さがあるほうが、かき氷に合うので缶詰の白桃と黄桃を凍らせて使用し、食感のアクセントには小粒の白玉を合わせました。

プラカップ◎（直径11cm、高さ7.5cm、260ml）

◎COPNアクア八角カップ／シモジマ）

［材料］

ほうじ茶練乳※…15g
白桃＆黄桃※…170g
ほうじ茶アイスクリーム◎…1個（#18）
白桃＆黄桃※…13g
ほうじ茶練乳※…9g
ホイップクリーム…15g
白玉小町◎…3個
ほうじ茶入りミルクマドレーヌ※…1個
乾燥金木犀…1つまみ
ミントの葉（小）…3枚

※ほうじ茶練乳の作り方は193ページに。
※ほうじ茶入りミルクマドレーヌの作り方は
　193ページに。

※白桃＆黄桃
材料
ハーフカット白桃（缶詰）…2個
ハーフカット黄桃（缶詰）…2個
キューブアイス…5個（100g）
作り方
❶ハーフカット白桃と黄桃を凍らせておく。
❷マルチスライサーに凍らせた白桃と黄桃、キューブ
　アイスを入れて削る。

◎白玉小町（冷凍白玉／タヌマ）
◎ほうじ茶アイスクリーム（筑波乳業）

［作り方］

❶プラカップに、レードルスプーン1杯分のほうじ茶練乳を入れて、プラカップをまわして広げる。

❷「マルチスライサー」で削った「白桃＆黄桃」のかき氷を、プラカップに入れる。

❸ほうじ茶アイスクリームを右側にのせ、左奥にホイップクリームを絞る。

❹ほうじ茶アイスクリームにほうじ茶練乳をかけ、乾燥金木犀をかける。

❺白玉小町、ほうじ茶ミルクマドレーヌ、ミントの葉を飾る。

Point

● 乾燥金木犀をほうじ茶アイスにかけて、香りの演出を。

● 粗めに削った冷凍白桃と冷凍黄桃の食感も楽しませる。

かぼちゃと黒糖きな粉のフラッペパフェ ～シナモントッピング～

かぼちゃと黒糖きな粉の
フラッペパフェ 〜シナモントッピング〜

いま韓国で人気が高まっているという、かぼちゃを使ったかき氷をパフェにアレンジしてみました。かき氷は黒糖シロップとコンデンスミルクで味付け。かぼちゃクリームとフォームドミルク、シナモンパウダーを組み合わせました。かぼちゃクリームは、かき氷のソースにもなるよう、ゆるめに仕上げています。小豆入り黒糖風タピオカには、きな粉をかけ、口に含んだとき「おやっ？」と思うポイントにしました。

器（直径17cm、高さ6cm）

［材料］

わつなぎ黒糖シロップ◎…5g
かき氷…140g
コンデンスミルク◎…10g
かぼちゃアイスクリーム◎…1個(#18)
わつなぎ黒糖シロップ◎…5g
かき氷…120g
小豆入り黒糖風タピオカ◎…80g(15粒)
きな粉◎…0.1g
かき氷…124g
かぼちゃクリーム※…180g
フォームドミルク…16g
きな粉…0.3g
シナモンパウダー◎…0.1g

※かぼちゃクリーム
材料（できあがり600gくらい）
かぼちゃ…300g
コンデンスミルク…100g
生クリーム(35%)…250mlくらい
ダークラム…20ml
作り方
❶かぼちゃは、4〜5cm大にカットして、皮面を下にして耐熱皿に間隔をあけて並べ、ラップをして5分以上電子レンジにかけて、竹串がスーッと通るやわらかさにする。熱いうちに皮をむいてマッシュする。
❷マッシュしたかぼちゃは、熱いうちにコンデンスミルクと混ぜ合わせる。
❸粗熱がとれたら、室温にした生クリームを少しずつ加えて固さを調整する。ラム酒を加えて混ぜ、裏漉ししてなめらかにする。

◎わつなぎ黒糖シロップ（和のプレミアムシロップ／サントリーフーズ）
◎小豆入り黒糖風タピオカ（光商）
◎コンデンスミルク（筑波乳業）
◎かぼちゃアイスクリーム（森永乳業）
◎きな粉（タヌマ）
◎シナモンパウダー（エスビー食品）

［作り方］

❶器に、わつなぎ黒糖シロップを入れ、器の高さの半分くらいまで氷を削る。
❷コンデンスミルクを2回転かけ、かぼちゃアイスクリームをのせ、わつなぎ黒糖シロップを1回転まわしかける。器の縁にあまりかからないように、氷を削り入れる。
❸小豆入り黒糖風タピオカを4カ所に3粒ずつのせ、タピオカの上にきな粉をふる。
❹再び氷を山高く削って、その上にかぼちゃクリームをかけ、上にフォームドミルクをのせる。
❺かき氷のところにきな粉をふり、フォームドミルクの上にシナモンパウダーをかける。

Point

● かぼちゃクリームは、ゆるめに作って、かき氷と一緒に食べやすくする。

● フォームドミルクにシナモンパウダーを合わせて香りの演出を。

かぼちゃと黒糖きな粉のフラッペパフェ 〜黒こしょうトッピング〜

かぼちゃと黒糖きな粉の
フラッペパフェ 〜黒こしょうトッピング〜

これも韓国で人気が高まっているという、黒こしょうを合わせたかき氷をパフェにアレンジ。テイクアウト容器に盛り付けてみました。かき氷は黒糖シロップとコンデンスミルクで味付け。かぼちゃクリームとかき氷の上にはきな粉をかけ、上に絞るホイップクリームの上に黒こしょうをかけます。甘さとピリ辛の対比や、意外な組み合わせを楽しんでもらうフラッペパフェです。

プラカップ◎(直径14cm、高さ7cm)

◎380mlミニフルールカップ／シモジマ

［材料］

わつなぎ黒糖シロップ◎…3g
小豆入りホワイトタピオカ◎…30g(8粒)
かき氷…73g
コンデンスミルク◎…10g
かぼちゃアイスクリーム◎…1個(#18)
わつなぎ黒糖シロップ◎…3g
かき氷…160g
わつなぎ黒糖シロップ◎…5g
小豆入りホワイトタピオカ◎…60g(9粒)
かぼちゃクリーム※…120g
ホイップクリーム…20g
きな粉◎…0.3g
かき氷…124g
黒こしょう◎…0.2g
※かぼちゃクリームの作り方は197ページ。

◎わつなぎ黒糖シロップ(和のプレミアムシロップ／サントリーフーズ)
◎小豆入りホワイトタピオカ(光商)
◎コンデンスミルク(筑波乳業)
◎かぼちゃアイスクリーム(森永乳業)
◎きな粉(タヌマ)
◎黒こしょう(エスビー食品)

［作り方］

❶器に、小豆入りホワイトタピオカを入れ、器の高さの半分くらいまで氷を削る。

❷コンデンスミルクを2回転かけ、かぼちゃアイスクリームをのせ、わつなぎ黒糖シロップを1回転まわしかける。再び氷を山高く削って、わつなぎ黒糖シロップをまわりに2回転まわしかける。

❸手前に小豆入りホワイトタピオカをのせ、中央にかぼちゃクリームをのせ、ホイップクリームを絞り、黒こしょうをふる。

❹きな粉を、ホイップクリームにはかけないようにしてまわりにかける。

Point

●黒こしょうは、ホイップクリームに広くかけて香りでアピール。

フルーツ＆タピオカのフラッペパフェ

フルーツ&タピオカのフラッペパフェ

キウイとパイナップルという、通年用意できるフルーツを主役にしてフラッペパフェに。「マルチスライサー」という冷凍フルーツを削れるマシンで、冷凍したパイナップルと冷凍マンゴーを削り、グラスの中に入れました。粗めに削ることでフルーツの食感が少し残るようにし、「食べる感覚」も楽しめるかき氷にして特徴を出しています。

パフェグラス（直径00cm、高さ00cm）

［材料］

キウイスライス…輪切り2枚分
ライチ…＆タピオカ※…15g
パイナップル＆マンゴー※…160g
バニラアイスクリーム◎…1個（#18）
キウイ…1cm厚みの輪切りの1/2カット6枚
パイナップル…1cm厚の輪切りを1/4カットしたもの6個
ライチ＆タピオカ※…21g
パイナップル＆マンゴー※…23g
枝付きチェリー…1個

※ライチ＆タピオカ

作り方
❶ライチジュースとタピオカを合わせたもの。

※パナップル＆マンゴー

材料
IQFゴールデンパインアップルチャンク◎…170g
IQFマンゴーチャンク◎…170g
キューブアイス　…12個（240g）

作り方
❶マルチスライサーに、IQFゴールデンパインアップルチャンクとIQFマンゴーチャンク、キューブアイスを入れて削る。

◎IQFゴールデンパインアップルチャンク（冷凍カットパイナップル／丸源飲料工業）
◎IQFマンゴーチャンク（冷凍カットマンゴー／丸源飲料工業）
◎バニラアイスクリーム（森永乳業）

［作り方］

❶ グラスに、2〜3mm厚に輪切りにしたキウイを半分に切ったものを2枚分貼り付ける。

❷ 「マルチスライサー」（206ページ参照）で、「パイナップル＆マンゴー」のかき氷を削り、グラスの高さまで入れる。

❸ バニラアイスクリームをのせ、そのまわりにパイナップルとキウイを交互に飾る。

❹ アイスクリーム、キウイとパイナップルの間にライチ＆タピオカをのせる。

❺ バニラアイスクリームの上から「パイナップル＆マンゴー」のかき氷を削り、枝付きチェリーを飾る。

テイクアウト用の
プラカップに
盛り付けた例。
（直径9.5cm、高さ11.5cm
10オンスカップ　デザート
深型／シモジマ）

Point

● 側面からキウイが見えるようにスライスしたものを貼り付ける。

● 上に飾るキウイとパイナップルの間をライチ＆タピオカで埋めて、いろいろトッピングされていることをアピール。

ぎゅっと絞ったすだちのフラッペパフェ

ぎゅっと絞ったすだちのフラッペパフェ

すだちのシロップ、モヒートのフレーバーゼリー、ライチシャーベット
を使って、清涼感のあるフラッペパフェにしました。ホイップクリーム
も、ヨーグルトを合わせて作るヨーグルトホイップにして、さっぱりと
食べられるように。すだちの輪切りを飾って、見た目にも味をイメージ
しやすいパフェらしい盛り付けにしました。

器（直径13cm、高さ9cm）

［材料］

わつなぎすだちシロップ◎…5g
かき氷…80g
バニラアイスクリーム◎…1個（#18）
わつなぎすだちシロップ◎…8g
ライチシャーベット◎…1個（#18）
かき氷…200g
モナジュエルモヒートグリーン◎…75g
わつなぎすだちシロップ◎…30g
ヨーグルトホイップ※…25g
すだち輪切り（1mm厚）…6枚
レモンバーム…1トッピング

※ヨーグルトホイップ
材料（できあがり80g）
ヨーグルト…50g
生クリーム（35%）…50g
粉砂糖…12g
作り方
❶ヨーグルトは水切りしておく。
❷ボウルに生クリーム、水切りしたヨーグルト、粉砂糖を入れて泡立て器で攪拌する。

◎わつなぎすだちシロップ（和のプレミアムシロップ／サントリーフーズ）
◎モナジュエルモヒートグリーン（フレーバーゼリー／丸源飲料工業）
◎バニラアイスクリーム（森永乳業）
◎ライチシャーベット（森永乳業）

テイクアウト用の
プラカップにスプーン
を添えて盛り付けた例。
（直径9cm、高さ7cm）

［作り方］

❶器に、わつなぎ黒糖シロップを入れ、器の高さの1/3強くらいまで氷を削る。

BASYS ベイシス／ロングレー
（中部コーポレーション）

❷バニラアイスクリームをのせ、まわりに、わつなぎすだちシロップを1回転まわしかける。

❸再び、氷を削る。器の内のところにあまり氷がかからないように削り入れる。

❹ライチシャーベットを中央にのせ、器のまわりにモナジュエルモヒートグリーンをスプーンでのせる。

❺再び氷を山高く削って、わつなぎすだちシロップを全体にかけ、1mm厚に輪切りにしたすだちをまわりに飾る。

❻ヨーグルトホイップをスプーンですくってのせる。レモンバームを飾る。

Point

● ヨーグルトホイップでさっぱり食べられるようにする。
● 清涼感のある味わいを、飾りの彩りでもアピール。

BASYSで作る注目のフラッペパフェ

桜のフラッペパフェ

春らしいフラッペ仕立てのパフェに。サクラソース、桜もち風アイスクリーム、桜あん、桜クランチ、桜塩漬け花、桜あられの桜づくしでまとめました。食感の違うもの、温度の違うもので組み立てることで、通常のかき氷にはない楽しみ方、味わい方ができるようにするのが、フラッペパフェの大きな魅力です。

パフェグラス(直径13cm、高さ8.2cm)

[材料]

Wサクラソース◎…12g
かき氷…97〜100g
バニラアイスクリーム◎…1個(#20)
コンデンスミルク◎…7g
かき氷…200g
Wサクラソース◎…15g
ホイップクリーム …15g
桜もち風アイスクリーム◎…1個(#18)
白玉◎…3個
桜あん◎…5g
桜塩漬け花◎…3個
桜クランチ◎…3つまみ
桜あられ◎…6枚
レモンバーム…1トッピング

◎Wサクラソース(山眞産業)
◎桜もち風アイスクリーム(森永乳業)
◎桜塩漬け花(山眞産業)
◎桜あん(山眞産業)
◎桜クランチ(山眞産業)
◎コンデンスミルク(筑波乳業)
◎白玉(タヌマ)
◎バニラアイスクリーム(森永乳業)

[作り方]

❶器にWサクラソースを入れる。

❷「ベイシス」で削ったかき氷を器の高さの半分くらいまで入れる。

かき氷は、通年売れるメニューになったので、パフェと組み合わせるのは、いいと思います。

❸バニラアイスクリームをのせ、コンデンスミルクをまわしかける。(1回)

❹その上にかき氷を山盛りに削り、Wサクラソースを3回まわしかける。

❺ホイップクリームを絞り、その上に桜もち風アイスクリームをのせる。

❻楊枝に白玉3個を刺して、それぞれの白玉に桜塩漬け花をのせる。これを右側に刺して飾る。サクラクランチ、桜あられ、レモンバームを飾る。

パフェグラス
（直径10.5cm、高さ13.5cm）

［材料］

アイスコーヒー＆タピオカ
　（ガムシロップ入り）…86g
かき氷…100gくらい
マロンアイスクリーム◎…1個（#20）
バニラアイスクリーム◎…1個（#20）
わつなぎ焦がし砂糖シロップ◎…5g
マロンクリーム※…95g
ホイップクリーム…20g
栗甘露煮…2粒分
レモンバーム…1枚

※マロンクリーム

材料

京まろん◎…130g
生クリーム（35%）…8g

作り方

❶京まろん、生クリームをボウルで合わせてよく混ぜ合わせる。

◎わつなぎ焦がし砂糖シロップ
　（和のプレミアムシロップ／サントリーフーズ）
◎京まろん（マロンペースト／正栄食品）
◎マロンアイスクリーム（（森永乳業）
◎バニラアイスクリーム（森永乳業）

初雪電動式ブロックアイススライサー
BASYS ベイシス／ロングレー

かき氷のためにつくられた特製の
「美濃の刃物」を採用！
氷の粗さの調整も楽に行える！
スムーズなかき氷づくりをアシスト！

型式　HB600A
使用する氷のサイズ＝半貫目氷（約13センチ角）
外形寸法：幅349×奥行447×高さ702（＋186）mm
電源：単相100V　50／60Hz
定格消費電力：200／185W
本体重さ：19kg
円盤有効径：直径213ミリ（×高さMAX150mm）
標準能力：1.8／2.2（kg／分）
◆発売元
株式会社中部コーポレーション
https://www.chubu-net.co.jp/food/
Email: food@chubu-net.co.jp

［作り方］

❶グラスにアイスコーヒー＆タピオカを入れる。

❷上にかき氷をグラスの高さの半分くらいまで「ベイシス」で削って入れる。

❸マロンアイスクリーム、バニラアイスクリームをのせ、わつなぎ焦がし砂糖シロップをまわしかける（2回分）。

❹マロンクリームを上から小田巻で絞り、ホイップクリーム絞り、その上に栗甘露煮を1粒のせる。

❺レモンバームを飾り、縦にカットした栗甘露煮を左右に飾る。

マロンモンブランのフラッペパフェ

たっぷりのマロンクリーム、かき氷、コーヒータピオカの組み合わせです。かき氷は通年メニューになってきているので、秋や冬らしい食材との組み合わせも注目できます。かき氷の部分は、側面から見てシズル感が出るよう、シロップで色づけするのがいいでしょう。

Hatsuyuki
マルチスライサーで作る注目のフラッペパフェ

テイクアウト用のプラカップに盛り付けました。冷凍マンゴーと冷凍いちごをキューブアイスとともにマルチスライサーで削り、上にかけます。溶けてくるとホイップクリームにからむソースの役割もします。カップの底にはタピオカティーを入れ、ドリンクの魅力もプラスしました。

パフェグラス
（直径13cm、高さ6cm）

[材料]

アイスティー＆タピオカ（ガムシロップ入り）
　…86g
「マンゴー＆いちご」かき氷※…140〜150g
ホイップクリーム…45g
バニラアイスクリーム◎…1個(#18)
ごろごろマンゴーソース※…65g
いちご1/4カット…8個
「マンゴー＆いちご」かき氷※…20g
マンゴーソース◎…4g
ミント…1トッピング

※「マンゴー＆いちご」かき氷
材料
IQFマンゴーチャンク◎…150g
IQFいちご◎…140g
キューブアイス…4個(80g)
作り方
❶IQFマンゴーチャンク、IQFいちご、キューブアイスをマルチスライサーに入れて削る。

※ごろごろマンゴーソース
材料（できあがり130g）
IQFマンゴーチャンク◎…100g
フルーツデザートクリエーター◎…30g
作り方
❶ボウルにIQFマンゴーチャンク、フルーツデザートクリエーターを入れ、ラップをしてひと晩冷蔵庫に置く。または、ガラスのボールにIQFマンゴーチャンクとフルーツデザートクリエーターを入れ、電子レンジに20秒かける。

◎IQFマンゴーチャンク（冷凍カットマンゴー／
　丸源飲料工業）
◎IQFいちご（冷凍いちご／丸源飲料工業）
◎フルーツデザートクリエーター（フルーツソースの素／
　丸源飲料工業）
◎マンゴーソース（森永乳業）
◎バニラアイスクリーム（森永乳業）

マンゴー＆紅茶タピオカのフラッペパフェ

[作り方]

❶容器に、アイスティー＆タピオカを入れる。

❷「マルチスライサー」で「マンゴー＆いちご」かき氷を削る。

❸ホイップクリームを絞り、バニラアイスクリームをのせる。

❹プラカップの縁のまわりに、ごろごろマンゴーソースを飾る。

❺ホイップクリームの上に縦に4等分にカットしたいちごを飾る。

❻「マンゴー＆いちご」のかき氷を上から散らし、マンゴーソースをかけ、ミントを飾り、極太ストローをさす。

Hatsuyuki マルチスライサー

冷凍フルーツやミルクアイス、
冷凍フレーバーが削れる
「マルチスライサー」！
食材に触れる部分が取り外せて
洗浄ができ衛生的！
新しい冷製スイーツ、冷製メニューに
広く活用できます！

型式　HD70AA
外形寸法：幅340×奥行451×高さ841mm
電源：単相100Ｖ　50／60Hz
定格消費電力：200／180W
本体重さ：19kg
カートリッジ寸法：内径140×深さ150mm
◆発売元
株式会社中部コーポレーション
https://www.chubu-net.co.jp/food/
Email: food@chubu-net.co.jp

著者紹介

富田佐奈栄
Sanae Tomita

佐奈栄学園　カフェズ・キッチン　学園長
日本カフェプランナー協会　会長

テレビ番組をはじめとする各メディア出演や、食品メーカー
等に商品企画やメニュー提案なども行い、また、数々のカ
フェ関連の書籍を出版するなど、カフェのスペシャリストと
して活躍中。
講演を通してもカフェビジネスの発展に全力を注いでいる。
型にとらわれないオリジナリティあふれる発想で、某大手
洋菓子メーカーのヒット商品である「チーズケーキパフェ」
等を開発した後、カフェ開業スクールとしてパイオニアとな
る「カフェズ・キッチン」を設立。2020年で設立25年目を迎
える。これまで多くの卒業生を輩出し、2020年3月現在で、
卒業生の開業者数は340店舗を超えている。
日本カフェプランナー協会も設立し、実践的資格の普及と
育成、さらにカフェビジネスのクオリティー強化を務める。

佐奈栄学園　カフェズ・キッチン
TEL.03-5722-0378
http://www.sanaegakuen.co.jp

日本カフェプランナー協会
TEL.03-5722-0141
http://www.cafeplanner.net

パフェの教本
The Textbook of Parfait

発行日　2020年3月26日　初版発行

著　者　富田佐奈栄（とみた・さなえ）
発行者　早嶋　茂
制作者　永瀬正人
発行所　株式会社 旭屋出版
　　　　東京都新宿区愛住町23-2　ベルックス新宿ビルⅡ 6階
　　　　〒160-0005
　　　　TEL　03-5369-6423（販売）
　　　　　　　03-5369-6424（編集）
　　　　FAX　03-5369-6431（販売）
　　　　旭屋出版ホームページ　https://www.asahiya-jp.com

　　　　郵便振替　00150-1-19572

●撮影　　　北川鉄雄／野辺竜馬（P16、P204〜206）
●編集・取材　井上久尚
●デザイン　　冨川幸雄（studio Freeway）

印刷・製本　株式会社 シナノ

ISBN978-4-7511-1411-7 C2077